ro
rolar
nes

Dra. Jessamy Hibberd y Jo Usmar

Traducción de Carol Isern

Rocaeditorial

Título original: *This book will make you mindful*

Copyright © 2014, Dr. Jessamy Hibberd and Jo Usmar

Primera edición: mayo de 2015

© de la traducción: Carol Isern
© de esta edición: Roca Editorial de Libros, S. L.
Av. Marquès de l'Argentera 17, pral.
08003 Barcelona
info@rocaeditorial.com
www.rocaeditorial.com

Impreso por Liberdúplex, s.l.u.
Crta. BV-2249, km 7,4, Pol. Ind. Torrentfondo
Sant Llorenç d'Hortons (Barcelona)

ISBN: 978-84-9918-933-8
Depósito legal: B-9.522-2015
Código IBIC: VSPM; JMAQ

RE89338

Índice

Nota de las autoras

*E*n este mundo de constantes cambios en el que nos ha tocado vivir, a veces la existencia puede ser dura. Día a día, nos vemos empujados en diferentes direcciones y tenemos que luchar contra la presión a la que nos someten los factores externos y, lo que es más importante, a la que nos sometemos nosotros mismos. Cuantas más opciones, más responsabilidad, lo que en determinados casos puede ser un caldo de cultivo para el estrés, la desdicha y la falta de autoconfianza. Son muy pocas (por no decir ninguna) las personas que creen que pueden abordar sin problemas el trabajo, cualquier tipo de relación y la vida en general. A la mayoría no nos iría nada mal una ayudita de vez en cuando, un pequeño empujón que nos muestre cómo mejorar el estado anímico, cómo cambiar el enfoque respecto a la vida y cómo sentirnos más satisfechos. Demasiado a menudo nos puede afligir el sentimiento de que la vida pasa de largo, y de que vivimos de forma mecánica. La atención consciente pondrá punto final a la pérdida de horas, días, meses e, incluso años, asegurando que estés realmente presente en tus experiencias en lugar de vivirlas desde la mente.

Esta serie tiene por objetivo ayudarte a comprender tus sentimientos, pensamientos y comportamientos; asimismo, te ofrece las herramientas necesarias para aplicar cambios positivos. No somos fans de una complicada jerga médica, por lo que hemos intentado hacerlo de modo accesible, relevante y ameno, ya que sabemos que querrás experimentar progresos lo antes posible. Nos hemos basado en nuestra experiencia profesional y en los estudios más avanzados, y ofrecemos anécdotas y ejemplos que nos parecen útiles y que, esperamos, te lo parezcan a ti también. La serie se compone de varios títulos; cada uno de ellos aborda un tema concreto —la felicidad, la imagen corporal, la atención plena y el estrés— para que puedas centrarte en las áreas de tu vida que desees abordar.

Esta guía es concisa y práctica, y se enmarca dentro de la terapia cognitivo-conductual basada en la atención plena (TCCAP). Con ella aprenderás cómo incorporar la atención plena, o *mindfulness*, en tu vida para que seas más consciente de ti y del mundo que te rodea. La TCCAP es una terapia que ofrece unos resultados increíbles y que resulta sencilla de aplicar. Te permitirá enfrentarte a cualquier cosa que la vida te presente, convirtiendo las experiencias estresantes en experiencias manejables y las experiencas buenas, en experiencias mejores.

En estos libros, a menudo encontrarás unos diagramas llamados «mapas mentales». Los utilizamos para ilustrar de qué forma los pensamientos, el comportamiento, el estado anímico y el cuerpo están conectados entre sí. Con ellos se consigue analizar el problema para que no resulte abrumador y, al mismo tiempo, extraer las distintas posibilidades de realizar cambios.

A lo largo del libro también encontrarás ejercicios y listas de verificación, cuyo objetivo es guiarte a través de pasos prácticos para que seas más consciente. La intención es facilitar dichos cambios integrándolos en tu rutina, porque no basta con leer la teoría. La única forma de afianzar la capacidad de atención plena a largo plazo es poner en práctica todo lo aprendido y cambiar la experiencia en tu día a día.

Puedes sentirte mejor y vivir tu vida de forma distinta, y estos libros te enseñarán cómo lograrlo.

¡Buena suerte! Si quieres enviarnos tus comentarios, contacta con nosotras a través de la siguiente página web: www. jessmyandjo.com

Jenanny and Jo

Introducción

*L*a multitarea es algo fantástico. En el mundo de hoy, caracterizado por una incesante actividad de veinticuatro horas, la habilidad de enviar un e-mail y hablar por teléfono sorbiendo café mientras se camina por la calle aparece como un talento admirado y deseado. Pero ¿debería serlo?

En nuestro día a día ejercemos distintos roles: compañero sentimental, padre, colega, pariente, jefe, amigo, hijo, hija, profesor, estudiante... la lista es interminable. En cada uno de esos roles nos esforzamos por cumplir tanto nuestras expectativas como las de los demás. Esta presión constante es la causa de que pasen días, semanas, meses e incluso años casi sin que nos demos cuenta mientras intentamos estar a la altura de nuestras responsabilidades. Es posible que te sorprendas a ti mismo esperando eternamente que empiece la vida, la vida que querías vivir.

Hoy en día todo va muy deprisa. Los teléfonos móviles, las tabletas, la red wifi y las redes 3G (e incluso 4G) permiten que la información sea accesible de forma inmediata. Como resultado, los períodos en que prestamos atención a algo de forma ininterrumpida son cada vez más breves. (Un reciente estudio de la Associated Press afirma que los adultos estadounidenses mantienen la atención online unos ocho segundos, un 25 % menos que en el año 2000. Otro estudio ha detemindado que los adultos de Reino Unido pasan de un aparato a otro unas 21 veces por hora.) Lejos están los tiempos en que uno, simplemente, veía un programa de televisión. Ahora es posible leer una crítica online antes de cambiar de canal en el televisor, buscar información sobre el protagonista y escribir tuits ingeniosos al mismo tiempo.

Esta accesibilidad inmediata a la información implica que

uno esté disponible de forma constante, así que pocas veces se «desconecta». Ni siquiera te puedes escapar durante unas vacaciones, puesto que se supone que subirás fotos a Instagram de lo que comes, lo que vistes y lo que ves. Si asistes a un evento deportivo o a un espectáculo, encontrarás a un montón de gente grabándolo con sus teléfonos y mirándolo en sus pequeñas pantallas, ¡en lugar de mirar lo que la realidad les pone delante de los ojos! No es extraño que las personas se sientan desvinculadas y sin rumbo si pasan un solo día sin estas tecnologías.

Este ritmo frenético que caracteriza nuestra vida no solo nos hace sentir estresados, agobiados o ansiosos, sino que impide que nos tomemos un momento para, sencillamente, ser. Muchos de nosotros hemos perdido la habilidad de experimentar la vida que estamos viviendo; en lugar de ello, estamos esperando, planificando, preocupándonos por la próxima tarea que tenemos en la agenda o mortificándonos por el pasado.

¿Cuándo fue la última vez que saboreaste un plato sin preocuparte de la llamada telefónica, la reunión o la entrevista que tenías después?

¿Cuándo fue la última vez que caminaste por la calle observando tu entorno sin mirar el perfil en Facebook de ese chico al que no ves hace 15 años?

¿Cuándo fue la última vez que disfrutaste de una noche sin seguir la innumerable lista de reglas que te has impuesto a ti mismo: «No puedo decir eso», «No beberé demasiado», «No puedo comer postre», «Debo reír todos sus chistes»?

«La abundancia de información provoca pobreza de atención.» El economista Herbert Simon, ganador del premio Nobel, ya lo dijo en 1977, época previa a internet; esta afirmación tiene más sentido hoy del que tenía entonces, y muestra por qué la atención plena es tan relevante e importante.

¿Qué es la atención plena?

La atención plena es la práctica de la atención. Es una técnica para aprender a ser más consciente de:

◆ Tus pensamientos
◆ Tus emociones
◆ Tu cuerpo
◆ Tus impulsos y deseos
◆ El mundo que te rodea

No se trata de una tontería fantasiosa, sino que es una filosofía psicológica y del comportamiento basada en cientos de años de estudio por parte de las tradiciones orientales, y ha demostrado reducir los síntomas de la ansiedad, el desánimo, el estrés y la depresión. Te enseñará a ser más consciente de tus pensamientos para que pierdan su fuerza arrolladora y dejes de reaccionar a ellos de forma automática. Empezarás a darte cuenta de las historias que la mente te cuenta, lo que te dará la oportunidad de decidir si quieres escucharlas o no. La atención plena también te enseña a ser más consciente de tu cuerpo. La manera en que este reacciona ante las situaciones y las emociones es una de las señales más claras de que disponemos para detectar el malestar emocional y, a pesar de ello, es sorprendente hasta qué punto acostumbramos a ignorar la tensión y los dolores que sufrimos.

Pero lo más importante es que la práctica de la atención plena te ofrecerá la posibilidad de dejar de vivir desde la cabeza. Todos pasamos tanto tiempo planificando el futuro, preocupándonos por lo que va a suceder o por cómo va a suceder y rumiando el pasado que nos olvidamos de vivir en el presente, de experimentar plenamente lo que está sucediendo tanto dentro de nosotros como a nuestro alrededor.

Si estás abierto a ella, la atención plena te permitirá volver a estar en contacto contigo mismo para que puedas manejarte mejor en los momentos difíciles y para que puedas disfrutar plenamente de los felices.

Utilidad del libro

Este libro te hará controlar tus emociones es una introducción directa a la práctica de la atención plena y ofrece anécdotas que ayudan a comprender la teoría. No se va por las ramas, no te hará estar sentado en la posición del loto durante horas (a no ser que quieras hacerlo) y no se dispersa en divagaciones autogratificantes. Hemos procurado hacerlo tan sencillo, coherente y accesible como ha sido posible, para que la próxima vez que la compañía de electricidad corte el suministro durante veinte minutos tires el móvil contra la pared solamente después haber dedicado un momento a decidir que quieres hacerlo.

Existen dos maneras de practicar la atención plena: la informal y la formal. El término «informal» se refiere a la práctica que se realiza mientras uno se dedica a sus tareas cotidianas, mientras que «formal» se refiere a las prácticas meditativas. Es posible que la meditación esté un tanto estigmatizada —en el sentido de que se atribuye a personas que llevan túnicas o son un tanto religiosas o fanáticas—, pero eso es algo del pasado y, además, absurdo.

Ahora más que nunca, las personas necesitamos encontrar una manera de manejarnos en las exigencias diarias a las que estamos sometidos. La atención plena es una forma excelente de conocerse a uno mismo. Al practicarla, serás capaz de ordenar la mente y de reconocer cómo y por qué piensas, sientes y te comportas de la forma en que lo haces. Esta comprensión te dará la capacidad de hacer cambios, cuando sean necesarios, para que te enfrentes mejor a hechos estresantes y puedas apreciar mejor el aquí y ahora.

Cómo funciona

Este libro es un manual para iniciarse en la atención plena, no un curso que debas seguir. Te enseña las filosofías que se encuentran detrás de la práctica y, en cada capítulo, te ofrece estrategias claras que podrás incorporar a tu vida cotidiana. Es un libro dedicado a las personas que estén interesadas en tener una mejor comprensión de las cosas, que a veces sientan que la vida puede ser abrumadora y que quieran sentirse más felices, más contentos, más en paz y con un mayor control. (Por favor, ten en cuenta que no se trata del curso de ocho semanas de terapia cognitiva basada en la atención plena, TCAP. Si estás interesado en él, encontrarás referencias a los cursos en la parte final del libro.)

El libro se ha escrito a partir del trabajo pionero del doctor Jon Kabat-Zinn, creador del programa de reducción de estrés basado en la atención plena y a partir del cual Mark Williams, John Teasdale y Zindel Segal desarrollaron el TCAP (todo ello está explicado en el capítulo 2). También nos hemos basado en los trabajos de Christine Dunkley y de la doctora Maggie Stanton, así como en las enseñanzas del monje vietnamita de budismo zen Thích Nhât Hanh, un maestro de la atención plena.

Cómo sacar el máximo partido del libro

◆ Lee los capítulos por orden, ya que cada uno de ellos continúa a partir del anterior y el nivel de dificultad de las estrategias va aumentando gradualmente. Una vez lo hayas leído todo, podrás ir de uno a otro según sean tus necesidades.

◆ ¡Pon en práctica las estrategias! Estas técnicas se identifican con el símbolo ✪. Resulta muy fácil decirse «Sí, ya lo haré después» y seguir leyendo. La atención plena solo funciona si la pones en práctica. Nunca se te ocurriría leer un libro sobre cómo conducir y luego sentarte en el asiento del conductor creyendo ser un ganador de fórmula 1 en potencia (o eso esperamos). Las investigaciones demuestran que solo se aprende haciendo: practicando, cometiendo algunos errores y continuando la práctica.

◆ Hazlo sencillo: empieza con una estrategia y practícala varias veces a la semana; mejor si es en días consecutivos para que puedas mantener el impulso. Cuando sientas que empiezas a pillarle el truco, pasa a la siguiente.

◆ Hemos incluido y adaptado técnicas de diferentes fuentes, todas las cuales se encuentran mencionadas a lo largo del texto o en la parte final del libro.

◆ Algunos capítulos empiezan directamente con una técnica. Lo hemos hecho así para que, después de que la hayas practicado, seas capaz de utilizar tu propia experiencia para comprender la teoría en que se apoya.

◆ Dedica una libreta a la práctica de la atención plena. En algunos casos deberás tomar notas de tu práctica para que más adelante puedas repasarlas y comprobar tus avances: eso resulta muy motivador. Además, escribir las cosas ayuda a memorizar y lo hace más «oficial» en tu mente.

◆ Recuerda, la atención plena no es una píldora: es una habilidad que debe adquirirse, igual que el tenis, el dibujo o el esquí. No te convertirás en un experto de forma inmediata, así que no te enojes si las cosas no se colocan en su sitio desde el principio. Ten paciencia y practica.

La atención plena funciona mejor si te comprometes contigo mismo, puesto que requiere tiempo y energía. Pero si mantienes el compromiso, las compensaciones serán enormes. Te sentirás más conectado con tu vida, más presente en todo lo que hagas. Serás más capaz de manejarte en situaciones estresantes o molestas, y de disfrutar de las cosas buenas y emocionantes. Además, desaparecerá la posibilidad de que te despiertes un día y, de repente, te preguntes cómo es posible que hayan pasado diez años sin que te hayas dado cuenta.

Si dejas tu escepticismo a un lado, la atención plena hará que tu vida sea más feliz. No es posible que conocer mejor tu mente sea algo malo. Dale una oportunidad... estamos convencidas de que «te convertirás».

Todo está en la mente

¿Qué es la atención plena? ¿Cómo puede cambiar tu vida? En este capítulo explicamos la filosofía que se encuentra detrás de la práctica y empezamos con algunas estrategias iniciales.

¿Qué es la atención plena y cómo puede ayudarte?

*L*a atención plena es una práctica de toma de conciencia que te ayuda a estar más centrado en el presente, en la vida que de verdad estás viviendo, en lugar de en un pasado que ya ha desaparecido o en un futuro que todavía no ha llegado. Consiste en elegir en qué quieres centrar tu atención, en lugar de dejarte arrastrar por la versión que tu mente hace de los sucesos. Te enseña a darte cuenta de los hábitos de tu mente y de su funcionamiento, ofreciéndote la posibilidad de decidir si quieres actuar siguiendo su consejo o no.

Al ser más consciente de qué está sucediendo en tu cabeza y en tu cuerpo, podrás detener los pensamientos o los sentimientos que te consumen y te arrastran en una ola de estrés, ansiedad, miedo o arrepentimiento, y te empujan a actuar de formas poco adecuadas. Ser consciente significa que reconoces los pensamientos y las emociones sin emitir juicios. Por ejemplo, aceptar que los pensamientos no son más que pensamientos, que los sentimientos no son más que sentimientos y que ninguno de ellos te definen. La práctica de la atención plena te ofrece posibilidades: «¿De verdad importa?» o «¿De verdad quiero hacerlo?».

Si aprendes a identificar pensamientos o estados de ánimo y a comprender sus efectos serás capaz de vivir el momento, apreciar la vida, elegir lo que quieres vivir y estar aquí y ahora en lugar de pasar a toda velocidad y perderte las mejores partes.

Ejemplo: la rabieta de Tom

Tom solo disponía de media hora para comprar los ingredientes para preparar la boloñesa que le había prometido a su novia. Llegó al supermercado sudoroso y se encontró con que un hombre que llevaba un absurdo sombrero acababa de coger el último paquete de carne picada de la nevera. Entonces salió corriendo hacia la carnicería, pero allí se dio cuenta de que no llevaba dinero y no podía pagar con tarjeta. Así que fue al ⋯⋯

⋯∴ cajero arañándose los zapatos nuevos en el bordillo. Y entonces empezó a llover. «¡Típico! —pensó, enojado—. Siempre me pasa lo mismo. ¡Esto nunca le hubiera pasado a mi novia!» Y sin pensar, la llamó y le echó la culpa de sus calamidades.

Si Tom hubiera prestado atención, se habría dado cuenta de que la rabia nacía en su interior, en su cuerpo y en su mente. El simple hecho de ser consciente le habría dado la distancia que necesitaba. Demasiado a menudo seguimos a nuestra mente y dejamos que las emociones nos arrastren. En ese caso, su rabia iba en su contra evocando fuertes sensaciones emocionales y físicas que no ayudaban en absoluto a conseguir el ingrediente que le faltaba. Si se hubiera distanciado de su rabia, Tom habría elegido la manera de reaccionar. En lugar de dejarse arrastrar y llamar a su novia, habría podido preguntarse «¿Es una buena idea?» y recuperar, así, el control. Entonces, probablemente hubiera elegido no gritarle.

Cuando estás manejando un millón de cosas distintas, cada una etiquetada como URGENTE en tu lista de quehaceres, los días se suceden uno tras otro y acabas comportándote de forma mecánica.

Es común que los pensamientos giren sobre la preocupación («Me están juzgando»), el futuro («Todo será genial cuando consiga ese trabajo») o el pasado («Ojalá no hubiera hecho eso»), lo cual te deja insatisfecho. Así es posible que sientas que en tu vida falta algo, pero sin ser capaz de decir qué es. El doctor Jon Kabat-Zinn define esta inquietud de forma excelente: «A veces es posible que tengamos una fuerte intuición de que lo que nos falta, de una forma muy profunda, somos nosotros mismos: nuestra capacidad de estar en nuestra vida y de vivirla como si de verdad fuera importante en el único momento de que disponemos realmente».

La atención plena te enseñará a no estar dormido ante tu propio mundo. Si de verdad inviertes energía en la atención plena, te cambiará la vida. Te sentirás más productivo, más emocionado y con mayor control. El hecho de que seas más productivo es

La atención plena brevemente resumida

La atención plena consiste en aprender a vivir el momento presente y a ser consciente de lo que sucede tanto a tu alrededor como en tu interior, permitiéndote enfrentarte al estrés y disfrutar más de la vida.

realmente importante, porque estarás verdaderamente concentrado en lo que estás haciendo en lugar de dispersarte en pensamientos irrelevantes. Te darás cuenta de que haces las cosas de forma más efectiva y rápida. La atención plena te ahorrará tiempo a largo plazo, lo cual es importante recordar cuando aparezcan pensamientos del tipo «No tengo tiempo de hacer esto» en el momento en que te plantees practicar nuestras estrategias.

Regreso al futuro

Resulta muy fácil estar mirando constantemente hacia delante: «Solo falta un día para el viernes», «Tres semanas más para las vacaciones», «La vida será mejor cuando pierda un poco de peso». Vivir siempre para el futuro significa que nunca aprecias lo que está sucediendo ahora y que la vida pasa de largo. Inevitablemente, cuando llega el fin de semana o cuando pierdes un poco de peso piensas: «No puedo creer que mañana ya sea lunes» o «Quizá necesito perder unos cuantos kilos más».

Todos lo hacemos, pero si lo analizamos resulta triste. Estás tan concentrado en el futuro que te estás perdiendo el ahora. Es como esa famosa frase de la canción de John Lennon *Beautiful boy*: «La vida es lo que sucede mientras estás ocupado haciendo planes».

A veces nos empeñamos tanto en ser felices que acabamos por perder la noción de lo que es la auténtica felicidad. Por ejemplo: «Me sentiré genial cuando cambie de trabajo, me apunte al gimnasio, consiga una compañera perfecta o me vaya de vacaciones». Si no consigues esos objetivos te sentirás mal contigo mismo; además, a veces cuando los consigues ni siquiera resultan ser tan buenos como te los habías imaginado. Las cosas son distintas, pero tú te sientes igual. ¿Por qué? Porque no existe una cosa en la faz de la tierra que, de forma mágica, pueda hacerte feliz, estar en paz o sentirte satisfecho si no sabes lo que la felicidad, la paz y la satisfacción son para ti.

Si te limitas a mirar hacia delante sin apreciar lo que tienes, continuarás poniéndote metas, haciendo planes y esperando que la vida empiece. «Las cosas serán fantásticas cuando consiga el ascenso» o «Me relajaré si gano ese premio». No estamos diciendo que no debas ponerte metas, solamente que no debes hacerlo a expensas de tu presente. Es posible trabajar para lograr los objetivos mientras aprecias tu vida cotidiana. La conciencia plena consiste en vivir el momento y aprender a sentir satisfaccción en lo que tienes ahora. Cuando seas capaz de hacerlo, conseguir esos objetivos te hará sentir mucho mejor que en otras condiciones, porque ya estarás disfrutando verdaderamente de tu vida.

Nuestra mente no solo se obsesiona con el futuro: también es propio de la naturaleza humana pensar en el pasado, dar vueltas a las cosas que salieron mal o que no salieron como planeamos. Los remordimientos no nos llevan a ninguna parte. No es posible modificar el pasado; solamente podemos aprender de él. Estar rumiando en días pasados significa que vuelves a perderte la vida real, todas las cosas increíbles que están sucediendo ahora mismo (o las que podrían estar pasando si fueras capaz de sumarte a ellas).

A veces estamos tan empeñados en ser felices que nos perdemos la felicidad cuando esta aparece: pasarse la fiesta de cumpleaños preocupado por si los demás se lo están pasando bien; pasarse la comida familiar que tú mismo has organizado pensando en la presentación que debes hacer al día siguiente, o pasarse todo el festival de música de Glastonbury temiendo que llueva.

Ni el pasado ni el futuro deben marcar tu vida ni nublar tu capacidad de juicio. La atención plena te ayudará a estar más centrado en la vida que estás viviendo en lugar de en la vida que querrías vivir o en la que deberías haber vivido en el pasado.

Mentes peligrosas

El primer paso para ser más consciente consiste en comprender en qué anda tu mente. Quizá creas que, al tratarse de tu mente, ya lo sabes todo sobre ella. Pero sentimos decirte que no es así.

Tu mente está constantemente dando vueltas, elaborando historias acerca de los sucesos y presentándotelas de forma convincente. En el ejemplo de Tom (ver páginas 14-15), su mente le planteó una historia que era absurda: las tiendas no siempre se quedan sin carne picada cuando él la necesita. Su mente elaboró esa historia porque alimentaba su estado de ánimo: frustración y rabia. Intentaba ayudarlo a encontrar explicaciones a sus emociones. Pero solo consiguió empeorar las cosas.

Ejemplo: el pánico preventivo de Alex

Alex tenía un jefe terrible cuya principal ocupación consistía en criticar todo lo que hacía. Cada vez que ella enviaba un informe por e-mail, notaba que se le levantaban los hombros y que la espalda se le encorvaba, esperando la inevitable tormenta de agresivas preguntas que recibiría en la bandeja de entrada: «¿Por qué no has entrevistado a esa persona, tal como te pedí?», «¿Por qué no has añadido esa sección aquí?», o «¿Por qué has escrito eso de esta forma?».

Alex sabía que era buena en su trabajo y, a pesar de ello, las constantes trabas de su jefe consiguieron que empezara a cuestionarse a sí misma. Después de pasarse una hora revisando la bandeja de entrada de e-mails mientras se ponía cada vez más ansiosa, estresada y enojada, decidió escribir un borrador de respuesta por anticipado en que defendía su trabajo de las críticas que sabía que estaba a punto de recibir.

Y entonces llegó el e-mail de su jefe. Alex se encontraba en tal estado que ni siquiera pudo abrirlo. Y se quedó sentada ante el ordenador, sintiendo una rabia insoportable, con el corazón acelerado y las manos sudorosas. Finalmente, respiró profundo y lo abrió. Decía: «¡Buen trabajo! Gracias».

La mente de Alex había creado una historia que apoyaba sus emociones, pero que no era más que una absoluta ficción. Había malgastado horas angustiándose por lo que creyó que sucedería y no sucedió. Nuestra mente hace eso todo el tiempo, en una cháchara interminable de fondo que nos impulsa a creer ciertas cosas y a comportarnos de determinada manera.

Incluso cuando uno es consciente de este mecanismo resulta inevitable estresarse, enfadarse y seguir los consejos de la mente. Pero al me   Por ejemplo, cuando estás ocupa   r seguir la pauta de «No quier   er la tele». Y entonces elaboras al   por qué no es posible asistir: «Te   ora, ¿verdad?». Pero si se presta a   enta de que esos pensamien   onces es posible darse cuenta de   ocer que eso sucede muy a me   los: «Ahí están mis excusas otra vez» (hablaremos de nombrar los pensamientos en el capítulo 10). Y el hecho de reconocerlos nos permite cuestionarlos: «¿No es cierto que me lo paso bien cuando voy?». Eso nos permite realizar una elección consciente, en lugar de dejar que la mente nos arrastre por el camino trillado.

La atención plena te enseña a darte cuenta de qué hace tu mente y a reconocer que las historias que te cuenta no son más que eso: historias y no realidades. A medida que seas más consciente de tus pensamientos, empezarás a darte cuenta de que gran parte de tu infelicidad es consecuencia de las historias que te cuentas a ti mismo. La buena noticia es que esos relatos se pueden reescribir.

✪ ¿Qué está haciendo mi mente ahora mismo?

Esta es una estrategia sencilla para que empieces a distanciarte de tu mente y a verla como algo separado de tu ser interno, que puede ser analizado y cuestionado en lugar de aceptarlo como algo cien por cien verdadero y que te define como persona.

◆ Pregúntate: ¿Cómo está mi mente ahora mismo? ¿Está ocupada? ¿Tranquila? ¿Mi pensamientos están disparados? ¿Esos pensamientos versan sobre muchos temas? ¿Los veo claramente o son confusos? ¿He estado concentrado en lo que estoy leyendo o mi mente se ha perdido en otros temas: compras, una discusión reciente, lo que harás después?

◆ Reconoce este momento, reconoce que acabas de distanciarte un poco de tus pensamientos y que te has dado cuenta de lo que está haciendo tu mente.

Repaso: ¡Tachán! Es tan sencillo como eso. Simplemente, al reconocer el estado de tu mente empiezas el proceso de la atención plena. Te estás haciendo más consciente. No debes cambiar tus pensamientos ni juzgarlos; solamente sé consciente de ellos. A medida que tengas más práctica, esta conciencia te permitirá dirigir tus pensamientos de forma más práctica en lugar de dejar que te pasen por la cabeza de forma incontrolada.

Los pensamientos bajo un foco de luz

Una excelente manera de comprender lo que hace tu mente es imaginarla como un foco (uno de esos enormes y antiguos focos de teatro) que dirige tu atención hacia ciertos objetos a lo largo del día. Es pesado y rígido, y se requiere práctica y fuerza para moverlo. Tu mente no desea ceder el control pero, con tiempo y con práctica, aprenderás a hacer que ilumine lo que tú quieras.

Por ejemplo, si estás nervioso por una charla que debes dar, es posible que el foco ilumine todas las charlas anteriores que has llevado a cabo y en las que has tartamudeado o te has atascado. O si debes asistir a una boda a la que también asistirá tu ex, el foco iluminará vuestra última discusión, además de todos los fallos que ves en su vida desde que rompisteis. Con práctica, la atención plena te enseñará a redirigirlo para que ilumine las fantásticas charlas que has dado o los buenos momentos que compartiste con tu ex y todas las cosas buenas que tienes en la vida ahora mismo.

¿Cuándo deberías practicar la atención plena?

¡Todo el tiempo! La atención plena es una práctica que puedes hacer cada día, en cualquier situación y con cualquier estado de ánimo. Te permitirá conocerte mejor y reconocer en qué momentos te metes en un camino poco adecuado.

He aquí algunos estados mentales comunes que todos podemos experimentar y que la atención plena combate:

◆ Atrapado: sentirte como si fueras una marioneta, como si no tuvieras control de tu propia vida ni de tus propias decisiones.

◆ Exhausto: te encuentras vacío de energía, tanto física como mental, como si te limitaras a existir en lugar de sentirte vivo.

◆ Infeliz: no dirías que estás deprimido, pero notas un estado interno de tristeza que impregna todo lo que haces.

◆ Insatisfecho: en tu vida falta alguna cosa, pero no sabes qué.

◆ Agobiado: todas las horas del día no son suficientes y nunca puedes cumplir todas las tareas.

◆ Resentido o arrepentido: no puedes dejar de pensar en situaciones o errores del pasado.

◆ Estresado: sientes el estrés con fuerza, tanto a nivel físico como mental, y reaccionas ante situaciones reales (como una entrevista) o imaginadas (como creer que un suceso neutro es negativo: «se ha enfadado conmigo») con actitudes que te agotan y no te ayudan.

◆ Deprimido o ansioso: lee el recuadro de la página siguiente.

Se ha demostrado que la atención plena ayuda con el estrés, la depresión y la ansiedad, pero aunque te sientas muy bien a nivel general, la atención plena es una herramienta maravillosa que te permitirá sacar el máximo partido de tu vida.

No podemos impedir que en nuestra vida sucedan cosas estresantes, traumáticas o terribles. Esas cosas pasan, son inevitables. Tanto si te hallas ante una situación temporal (como cuando tu coche se estropea) como ante una situación que durará cierto tiempo (como tener a un familiar enfermo), la vida te puede dar un buen golpe. Incluso las cosas que son positivas y emocionantes —una boda, tener un hijo, conseguir un trabajo— pueden producir estrés.

Depresión y ansiedad

La depresión y la ansiedad se consideran un problema de salud mental y, por desgracia, cada vez son más las personas que las sufren. En el Reino Unido, una de cada cuatro personas muestran algún tipo de problema mental en el curso de un año.

Síntomas de la depresión

La depresión afecta a tus emociones, a tus pensamientos, a tu comportamiento y a tu cuerpo. Te puede invadir sin que sepas cómo o como consecuencia de algún suceso o trauma concreto. Los manuales clínicos definen la depresión como «una alteración de una forma habitual de funcionamiento», por ejemplo un empeoramiento en la forma de sentirte o de comportarte. Las personas que la sufren sentirán cinco o más de los siguientes síntomas en un periodo de dos semanas (uno de los cuales debe ser un estado de ánimo bajo o una disminución del interés y el placer. También es importante descartar que los síntomas no se hayan producido por una sustancia que altere el estado mental o por un cuadro médico general):

◆ Bajo estado de ánimo
◆ Disminución del interés o del placer
◆ Modificación del apetito
◆ Falta de sueño
◆ Movimientos involuntarios como caminar de un lado a otro, retorcerse las manos o no poder estarse quieto
◆ Fatiga o pérdida de energía
◆ Sentimientos de poca valía o de una culpa excesiva
◆ Menor capacidad de pensar o de concentrarse
◆ Pensamientos repetitivos sobre la muerte o el suicidio

⋯⋮⋗ Síntomas de la ansiedad

Todos la experimentamos, pues se trata de una respuesta natural ante la percepción de una amenaza a nuestro bienestar físico o psicológico, como que un coche se dirija en línea recta hacia nosotros (físico) o que seamos despedidos del trabajo (psicológico). Estas situaciones pueden disparar un mecanismo de lucha o huida, que tenemos desde los tiempos prehistóricos, para que nos ayude a valorar el riesgo y a mantenernos alerta. Pero la ansiedad se convierte en un problema cuando se experimenta todo el tiempo y/o cuando la situación no la justifica.

Entre los síntomas emocionales se encuentran:

◆ Sentimientos de terror, pánico o de que algo terrible está a punto de suceder
◆ Sentirse alterado o hiperalerta
◆ Dificultad de conciliar el sueño
◆ Dificultad de concentración
◆ Sentimientos de estar «atrapado» y de querer escapar

Entre los síntomas físicos se encuentran:

◆ Sudor
◆ Respiración rápida o difícil
◆ Acaloramiento o rubor
◆ Boca seca
◆ Temblores
◆ Corazón acelerado
◆ Marearse o desmayarse
◆ Dolor de estómago o ganas de vomitar

Si experimentas algunos de los síntomas mencionados de forma regular, es importante que acudas a tu médico de cabecera para que te haga una revisión por si necesitas la ayuda de un especialista. A pesar de todo, este libro te ayudará a ser más consciente de tus patrones negativos y te enseñará a no darle vueltas al pasado y preocuparte por el futuro.

Cuando suceden tantas cosas es muy fácil centrarse exclusivamente en la angustia y perder la perspectiva del conjunto. La atención plena es una manera de prestar atención tanto a lo bueno como a lo malo de tu vida de una forma más productiva. Así que sí, es posible que se te estropee la caldera o quizá detestes tu trabajo; es posible que pierdas a alguien muy querido o que manches de vino el sofá de tu suegra; incluso puede ser que estés pasando por una ruptura sentimental o que tengas problemas económicos. Todas esas situaciones resultan estresantes en diferente medida, pero puedes manejarlas sea lo que sea lo que tus pensamientos te digan. Aprender a impedir que la mente dé vueltas sin control cuando te enfrentas a situaciones difíciles va a darte una vida decididamente más tranquila.

Nosotros, como humanos, estamos diseñados para sentir todo el espectro de las emociones —desde la euforia que te empuja a bailar encima de una mesa hasta la tristeza que te obliga a esconderte bajo las sábanas— y eso es algo que debe ser celebrado. No sabrías lo que es la alegría si nunca hubieras sentido la tristeza. Nuestras emociones son una forma de procesar los sucesos de nuestras vidas de forma adecuada para que podamos seguir adelante. Sin estrés, ansiedad, rabia o tristeza seríamos como robots. La atención plena te enseñará a centrarte en el presente y a manejar tus emociones, sean cuales sean, de forma efectiva para que puedas vivir una vida plena, feliz y tranquila.

✪ ¿Por qué me interesa ser más consciente?

Haz una lista en tu libreta de los motivos por los que te sentiste atraído por este libro. ¿Qué te resulta atractivo de la atención plena? ¿Por qué quieres ser más consciente? Aquí tienes algunas sugerencias que te pueden ayudar:

◆ Siento que me pierdo algo en mi vida, que pasa de largo
◆ Deseo manejarme mejor con el estrés
◆ Me gustaría sentir que tengo un mayor control

◆ Quiero estar más presente y disfrutar mejor de la vida
◆ A veces reacciono mal ante circunstancias concretas. Y me gustaría poder modificar estos comportamientos.

Repaso: ¿Te ha sorprendido alguno de tus motivos? Muchas veces sucede que empezamos alguna cosa por un aparente impulso, pero resulta que lo que nos empuja es un deseo, miedo o motivación más profundo. Al escribir tus motivos te sentirás mejor dispuesto a tomarte en serio la atención plena. Y si te encuentras desmotivado, puedes releer la lista para recordarte por qué iniciaste el proceso y qué esperas conseguir con él.

Los «imperdibles» del capítulo

✓ La atención plena te permitirá vivir en el momento presente, de forma que la vida no pase de largo.

✓ La atención plena te enseñará a manejarte en las situaciones estresantes de forma tranquila para que sientas que tienes un mayor control.

✓ Reconocerás tus estados de ánimo y pensamientos como «sucesos» temporales que vienen y van, y aceptarás que ninguno define quién eres ni dictamina lo que debes hacer.

Capítulo 2

Terapia cognitiva basada en la atención plena

La forma más común de práctica de la atención plena es la terapia cognitiva basada en la atención plena (TCAP). En este capítulo te explicamos cómo funciona y cómo puede ayudarte.

¿Qué es la terapia cognitiva basada en la atención plena?

*E*s posible que la expresión «terapia cognitiva basada en la atención plena» evoque imágenes de científicos de pelo revuelto que guardan cerebros en tarros de formol, pero no tiene nada que ver con ello. La TCAP es la denominación del tipo de atención plena más practicada y de la que se habla en este libro.

Un poco de historia: el doctor Jon Kabat-Zinn introdujo por primera vez la atención plena en el campo de la salud en 1979 como una forma de ayudar a las personas a vivir con enfermedades crónicas. Él y sus colegas desarrollaron un programa de ocho semanas de reducción del estrés basado en la atención plena, la compasión y la aceptación para que las «incapacidades» de los participantes no dominaran sus vidas.

Algunos psicólogos de Reino Unido y Canadá desarrollaron el programa combinando la atención plena con la terapia cognitiva (TCAP). La terapia cognitiva es uno de los principales tratamientos dirigidos a problemas concretos y abarca una enorme variedad de desórdenes. Se basa fundamentalmente en la creencia de que la manera de interpretar una situación tiene una influencia decisiva en cómo se experimentan las emociones y las situaciones físicas, así como en la manera de comportarse. Es decir: lo que te afecta no es lo que te sucede, sino la manera en que evalúas lo que te sucede.

Hemos ilustrado este concepto con un esquema muy simple que llamamos mapa mental (ver la página siguiente; a medida que avancemos, los mapas serán más interesantes, lo prometemos). En él verás que tus pensamientos (tus interpretaciones y evaluaciones de un suceso), tu cuerpo (estado físico), tu comportamiento y tus sentimientos están conectados.

La atención plena interviene al mostrar cómo ser más consciente, momento a momento, de tus pensamientos, tu cuerpo, tu estado de ánimo y de tu comportamiento para que puedas poner fin a las pautas negativas. ¿Aún sigues ahí? Eso esperamos. El ejemplo que mostramos a continuación explicará mejor la cuestión.

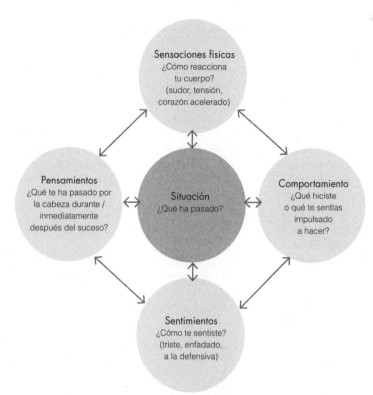

Ejemplo: la broma de Gemma

Gemma fue a una fiesta de cumpleaños con su amiga Clare. No conocía a casi nadie, pero se prometió a sí misma (y a Clare) que sería la invitada perfecta. Clare fue a buscar bebidas mientras Gemma charlaba con un grupo de personas. Alguien mencionó el nombre de un hombre con quien trabajaba Clare y por el que no sentía una simpatía especial. En un intento por adaptarse a la conversación, caer bien y hacer reír a los demás, Gemma hizo un chiste sobre el ⋯⋯⋮

⋯∴ mal aliento de ese hombre. Todos se quedaron mudos y con una expresión entre el horror y la extrañeza. Gemma entró en pánico y se marchó corriendo sin despedirse de Clare. No soportaba la idea de decirle a su amiga que había metido la pata y que, posiblemente, la había metido en un problema.

Clare la llamó varias veces después, pero Gemma se sentía demasiado avergonzada para coger el teléfono. Al día siguiente le mandó un breve mensaje diciéndole que se había marchado porque se encontraba mal. Clare dejó de llamarla al cabo de un par de días, y estuvieron más de una semana sin hablarse.

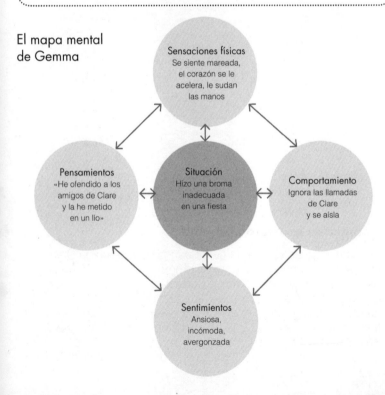

El mapa mental de Gemma

Sensaciones físicas
Se siente mareada, el corazón se le acelera, le sudan las manos

Pensamientos
«He ofendido a los amigos de Clare y la he metido en un lío»

Situación
Hizo una broma inadecuada en una fiesta

Comportamiento
Ignora las llamadas de Clare y se aísla

Sentimientos
Ansiosa, incómoda, avergonzada

La forma en que Gemma interpretó la situación —que había contado una broma inapropiada, que había metido en un lío a su amiga y que había insultado a los invitados— afectó su estado anímico, sus sensaciones físicas y su comportamiento, causando un círculo vicioso de estrés, ansiedad y negatividad. Cada uno de estos estados alimentaba al siguiente.

Comportamiento
ignora las llamadas
de Clare y empieza a
evitar a otras personas

Pensamiento
«Esto es un desastre y
no lo puedo arreglar»

Estado anímico
triste, preocupada,
ansiosa,
avergonzada

Sensaciones físicas
tensión, corazón
acelerado, palmas de
las manos sudorosas,
nudo en el estómago

Este tipo de negatividad puede convertirse en una bola de nieve que provoca pensamientos pesimistas (por ejemplo: «Esto es un desastre y no lo puedo arreglar») y reacciones (por ejemplo, esconderse, evitar el tema). En el caso de Gemma, al ignorar a Clare no se está dando a sí misma la oportunidad de demostrar que sus miedos son falsos, así que estos se hacen mayores. «He ofendido a los amigos de Clare y la he metido en un lío» pronto se convierte en «Le contará a todo el mundo lo que hice y todos pensarán que soy una idiota». ¡Al cabo de poco, Clare no solo ya no está pensando en el suceso en sí —que hizo una broma de mal gusto— sino que está pensando que es una persona horrorosa que se merece haber perdido a todos sus amigos! Ha avanzado tanto en el camino equivocado que ha perdido la perspectiva.

Si Gemma hubiera practicado la atención plena, habría sido capaz de distanciarse de sus pensamientos y los habría visto tal como son: simples pensamientos y no hechos; simples versiones elaboradas por su mente, y no la versión definitiva del suceso. Entonces habría tenido la oportunidad de decidir si daba crédito a la historia que le contaba su mente (que su vida había terminado a causa de una broma) o si creía que podía haber otro punto de vista. De esta forma, habría sido capaz de hablar con Clare para averiguar qué había sucedido en realidad. Probablemente, ambas se habrían reído un buen rato de todo ello.

Si hubiera practicado la atención plena, el mapa mental de Gemma habría sido el siguiente:

Por qué la atención plena es fantástica

Tal como ha ilustrado el ejemplo de Gemma, la atención plena te hará sentir que tienes un mayor control de tus estados de ánimo y de tus pensamientos, lo cual te permitirá ser más capaz de manejarte con cualquier cosa que te suceda en la vida. Las investigaciones demuestran que, con el tiempo, practicar la meditación de atención plena incrementa el nivel de felicidad y los sentimientos de bienestar y de plenitud a largo plazo. Las personas que la practican de forma regular afirman sentirse menos ansiosas, estresadas, deprimidas, agotadas o irritables, y todo eso tiene sentido. Por supuesto, si tus pensamientos y tus emociones no están desbocados tendrás una vida más feliz y estarás más satisfecho. Es fantástico tener la habilidad de reconocer cuando uno se mete en un recurrente camino de negatividad para ser capaz de dejar de hacerlo y poder dirigirse por un camino distinto y mejor.

También se ha demostrado que la atención plena mejora la memoria, la creatividad, los tiempos de reacción y la resistencia física. ¿Por qué? Porque estás presente. Eres consciente de lo que está sucediendo en lugar de arrastrarte o apresurarte esperando que se produzca algún tipo de revelación. Y no hemos terminado: la atención plena ha demostrado reforzar el sistema inmunológico. Las personas que la practican de forma regular visitan menos al médico, pasan menos días en el hospital y sufren menores índices de estrés crónico y depresión. Las pruebas clínicas demuestran que la meditación reduce a la mitad el riesgo de sufrir depresión recurrente, puede reducir la tensión mental o el dolor físico crónico e, incluso, aliviar la dependencia a las drogas y al alcohol. Incluso es posible que tenga un efecto físico en el cerebro, influyendo de forma positiva en los circuitos cerebrales que soportan la ansiedad cotidiana y el bajo estado de ánimo. Por lo tanto, practicar la atención plena no es solamente una decisión de estilo de vida, sino que también producirá cambios fisiológicos. Es una práctica poderosa.

Estrés, ansiedad y bajo estado de ánimo: síntomas

La atención plena es una estupenda manera de combatir el estrés, la ansiedad y el bajo estado de ánimo, así que es muy útil saber reconocer esas emociones y pensamientos en cuanto empiezan a apoderarse de ti. (Demasiado a menudo no nos damos cuenta de que algo va mal hasta que nos hemos destrozado las uñas o hemos vaciado la mitad de la botella de ginebra.) En las siguientes dos páginas encontrarás una lista de los síntomas más comunes de estrés, ansiedad y bajo estado de ánimo. Leerla puede resultar intimidante, pero no podrás sentirte de forma diferente si no empiezas por reconocer cómo te sientes.

Algunos puntos de la lista te resultarán familiares, y otros te sorprenderán un poco más. Si eres una persona que se enfada a menudo, quizá pienses «soy así» en lugar de darte cuenta de que el enojo puede ser resultado del estrés. Lo mismo sucede con las personas que se definen a sí mismas como «pesimistas» o «aprensivas», que creen que «están hechas así». Pues no, estos sentimientos son la consecuencia de algo, así que, ¿por qué no buscar el origen para poder realizar cambios?

Todos nosotros —todos— experimentamos estrés, ansiedad y bajos estados de ánimo, y aunque las respuestas de cada uno sean distintas, todas ellas siguen el mismo esquema. Es posible que te sientas desplazado y no te vincules con los demás en un intento por evitar las situaciones que te puedan provocar más estrés. O quizá busques confirmación en los otros. También puede ser que estés hiperactivo e intentes hacerlo todo al mismo tiempo, y te pases los días corriendo de un lado a otro para no pensar en los temas de fondo o en un intento desesperado para cumplir con excelencia todas las tareas y responsabilidades. Este es un ejercicio para que te conozcas mejor, así que marca los síntomas que se correspondan contigo.

Sentimientos

- ❑ Ansioso
- ❑ Triste
- ❑ Frustrado
- ❑ Enfadado
- ❑ Sensible
- ❑ Defensivo
- ❑ Irritable
- ❑ Deprimido
- ❑ Temeroso
- ❑ Avergonzado
- ❑ Inseguro
- ❑ Atemorizado
- ❑ Culpable
- ❑ Inquieto
- ❑ Vacío/abotargado
- ❑ Desvalido
- ❑ Impaciente
- ❑ Asustado
- ❑ Distraído

Reacciones físicas

- ❑ Tensión general, dolores
- ❑ Calambres musculares y espasmos
- ❑ Tics nerviosos
- ❑ Ritmo acelerado del corazón
- ❑ Estreñimiento o diarrea
- ❑ Estómago revuelto
- ❑ Náuseas
- ❑ Mareos
- ❑ Desmayos
- ❑ Picores y escozores
- ❑ Dificultad al tragar
- ❑ Ganas de llorar
- ❑ Insomnio
- ❑ Sentirse inquieto o perezoso

- ❑ Pérdida o incremento del apetito
- ❑ Sudor
- ❑ Falta de aliento
- ❑ Agotamiento
- ❑ Irritación en la piel/granos en la piel
- ❑ Pérdida de la libido
- ❑ Tendencia a resfriarse o a tener infecciones

Pensamientos

- ❑ Preocupación por el futuro («¿Y si...?»)
- ❑ Centrarse en uno mismo («Todo el mundo va a por mí» / «¿Por qué siempre me pasa esto a mí?»)
- ❑ Culpa («Es culpa mía» / «Siempre lo hago todo mal»)
- ❑ Compararse («Ella no lo hubiera hecho mal»)
- ❑ Catastróficos / pensar en lo peor («Esto va a ser un desastre»)
- ❑ Dudar de la propia capacidad («No podré hacer esto»)
- ❑ Tomarse las cosas de modo personal («Están hablando de mí»)
- ❑ Repasar (lamentarse de cosas del pasado)
- ❑ Inconexos (ideas vagas / desestructuradas / desconectadas)
- ❑ Inseguridad («No soy bastante bueno» / «Soy un impostor»)
- ❑ Sombríos, desesperanza, pena («Nada mejorará nunca»)

Comportamiento

Aumentar el consumo de bebida / tabaco / drogas
Comer poco o en exceso
Procrastinar
Morderse las uñas
Mostrarse irritable con los demás
Mala administración del tiempo
Distracción / falta de concentración
Dificultad en la toma de decisiones
Tener tendencia a sufrir accidentes / torpeza
Adicción al trabajo
Absentismo (profesional y social)
No cuidarse físicamente
Imprudencia
Hiperactividad / prisa constante (incluye hablar más o deprisa)
Despiste (olvidarse las llaves, cerrar la puerta o llamar a alguien)
Buscar confirmación de forma constante
Apartarse de la vida / abandonar las actividades placenteras

✪ Tu propio mapa mental

Ahora que ya has identificado algunos de tus principales pensamientos, emociones, sensaciones físicas y comportamientos provocados por el estrés, elabora tu propio mapa mental para que empieces a ver cómo se conecta todo ello (ver la siguiente página).

Puedes empezar por pensar en algún momento reciente en que hayas definido tu manera de sentirte con alguna frase como: «Me siento muy mal»; «Eso fue un desastre»; «Todo está mal»; «Esto es injusto». A menudo resumimos toda una experiencia en una palabra, pero por muy satisfactorio que resulte poder nombrarlo en voz alta, una palabra no representa lo que te sucede. A pesar de ello, todos lo hacemos y es una buena manera de empezar. Así que piensa en la última vez que soltaste una palabra desde la tristeza, la furia, la vergüenza o la exasperación y elabora tu propio mapa mental empezando por «pensamientos». Luego recuerda cómo te sentiste a nivel físico, cuál era tu estado de ánimo y qué hiciste o qué te sentías impulsado a hacer.

Si no te viene nada a la cabeza, piensa en la última vez que sentiste ansiedad a nivel físico (por ejemplo, cuando se te aceleró el corazón) y trabaja a partir de ahí. O piensa en alguna cosa que hiciste y que estuvo fuera de lugar. Quizá tiraste algo al suelo, le contestaste mal a alguien o mandaste un e-mail expresando tu enfado. ¿Qué provocó ese comportamiento? Empieza desde cualquier punto y rellena los siguientes.

Este podría ser un ejemplo de tu mapa mental:

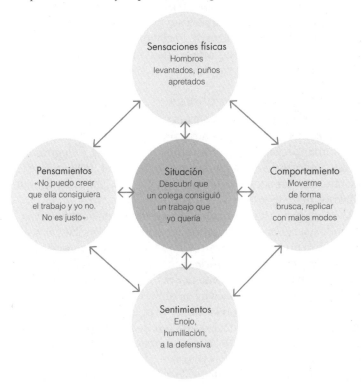

Repaso: Elaborar tu propio mapa mental te dará la oportunidad de realizar cambios. Cada sección ofrece un punto de intervención, una oportunidad de tomar conciencia de las pautas negativas habituales o de los círculos viciosos. También debería servirte para que detectes cuándo hablas impulsado por la emoción y confundes tu interpretación con los hechos. En el ejemplo del mapa mental, pensar «no es justo» provoca pensamientos acerca de la falta de méritos de la persona que consiguió el trabajo y acerca de que las cosas nunca te salen bien. Ambas interpretaciones te provocarán resentimiento, amargura y enojo. Posiblemente, la expresión «injusto» se te cruzó por la cabeza sin que te dieras cuenta de que se trata de una bomba emocional. Si elaboras tu mapa mental, empezarás a ver las historias que te cuenta tu mente y el impacto negativo que tienen estas palabras.

¿Qué sucede a partir de ahora?

La atención plena te enseña a ser más consciente de la sutil manera que tiene la mente de influir en tu comportamiento. Entonces podrás tomar decisiones con conocimiento de causa y elegirás cómo quieres comportarte en lugar de hacerlo de forma inconsciente. Al distanciarte un poco y obtener un punto de vista más racional, los sucesos no te provocarán el mismo nivel de estrés.

Al practicar la atención plena, dirigirás tu atención de forma deliberada hacia tus pensamientos, emociones y sensaciones físicas tal y como se presenten. Entonces aprenderás a reconocerlos por lo que son: reacciones transitorias provocadas las unas por las otras y por el contexto. De esta forma podrás decidir qué actos decides llevar a cabo, si es que decides hacer algo. También te resultará más fácil darte cuenta de cuándo la mente te pone obstáculos y encontrarás formas de evitarlos. Al vivir de esta manera, siempre tendrás un punto de vista del conjunto y evitarás verte atrapado en círculos negativos y destructivos.

Recuerda: los pensamientos solo son pensamientos, y los sentimientos son solo sentimientos. Son lo que son, y no te definen como persona. Aceptar esto es un gran paso para convertirse en una persona más consciente. Puedes empezar por ver que la cháchara que provoca el estrés, la infelicidad o el enojo no es más que un ruido de fondo que puedes apagar. O, si prefieres una representación más visual, tómate esos pensamientos como nubes negras en el cielo: está claro que están ahí, pero tú y ellas sois cosas separadas y puedes elegir cómo reaccionas ante ellas. Tanto puedes subirte a una de esas negras nubes y dejar que te ahogue o puedes observarla con una curiosidad amistosa hasta que se aleje empujada por el viento. Tú tienes el control. Darte cuenta de que tienes capacidad de elección sobre si das respuesta a tus pensamientos y emociones, y cómo lo haces, resulta muy liberador.

Con este libro aprenderás:

1. A darte cuenta de que tus pensamientos, tu estado de ánimo, tus sensaciones físicas y tu comportamiento están interconectados.
2. A identificar los estados de ánimo, los pensamientos y las sensaciones físicas gracias a la atención plena.
3. A darte cuenta de que tus pensamientos y sentimientos no te controlan, de que tú puedes elegir cómo responder ante ellos.

Los «imperdibles» del capítulo

✓ Tus pensamientos, tu estado de ánimo, tus sensaciones físicas y tu comportamiento están interconectados y te ofrecen vías para realizar cambios.

✓ Comprender qué respuesta das ante el estrés, la ansiedad o el desánimo te hará ser más consciente de tus pautas negativas habituales.

✓ La atención plena frena tus reacciones inconscientes ante las situaciones, y te sentirás más tranquilo, feliz y satisfecho.

Capítulo **3**

Un estado de la mente

La atención plena hermana la meditación «formal» con la meditación «informal» en la práctica cotidiana. Aquí explicamos qué son y por qué son importantes, y ofrecemos estrategias de ambas categorías.

Una mente para ti

*E*l sentido de la atención plena consiste en aprender a vivir la vida de forma más consciente cada día, estés con los amigos, trabajando, cuidando de la familia o esperando el autobús. Eso significa estar presente en el momento con todo aquello que hagas. La meditación te ayuda a conseguirlo.

Si has viajado, probablemente comprendas qué queremos decir con «vivir el momento» y sepas qué es ser consciente de tus pensamientos y sentimientos cuando se presentan. Cuando uno explora lugares nuevos y se encuentra ante unas vistas increíbles sin tener un límite de tiempo, es posible que piense: «¡Sí! Esto es genial. Ahora mismo estoy disfrutando mucho». Uno se ha ido de viaje para experimentar cosas, así que será mejor que sea capaz de apreciarlas en su totalidad. Pero ¿por qué debe uno viajar por todo el mundo para sentirse así? ¿No sería fantástico estar siempre presente en todo lo que uno hace para que la vida no pase de largo?

Para que puedas ser más consciente vamos a pedirte que practiques tanto de manera «formal», reservándote un tiempo concreto para realizar la práctica meditativa, como «informal» durante tu vida cotidiana.

Dos ejemplos de atención plena «informal»

He aquí dos cosas que posiblemente hagas con atención plena sin que ni siquiera lo sepas:

✦ Deporte de competición: Si realizas cualquier tipo de deporte de competición, debes prestar una atención plena mientras lo haces. No es posible competir bien ni jugar en equipo mientras planificas tu discurso de boda o tus próximas vacaciones. Cuando compites, debes concentrarte en dónde, qué y cómo vas a moverte, en qué están haciendo tus compañeros de equipo y tus contrincantes y en quién lleva ventaja.

✦ Preparar una receta: Respetar los tiempos es esencial para cocinar bien, así que si tu mente divaga mientras haces unas tostadas, no es posible que divague cuando estás dando el último toque a un pollo al vino digno de una estrella Michelin. Si tienes cuatro fuegos en marcha, el horno encendido y la alarma sonando entre nubes de vapor es casi imposible que no estés plenamente presente mientras intentas emular a un chef.

Si preguntas a un amante del deporte o de la cocina por qué les gusta tanto, seguramente te dirán que se sienten tan absorbidos, que no les permite pensar en otra cosa. Estar concentrado en lo que haces y en cómo te sientes te hará disfrutar más de los placeres, aburrirte menos con las cosas pesadas y estresarte menos con las cosas apremiantes.

Los ejercicios de meditación formal e informal están básicamente vinculados, es decir, cuanta más práctica formal lleves a cabo, mejor te sentirás en tu práctica informal cotidiana. Ha llegado la hora de borrar esa cara de escepticismo y prepararse para meditar un poco.

Meditación formal

«Formal» no es una gran palabra. Suscita imágenes de personas serias y silenciosas que hace décadas que no se ríen, pero así se denomina este tipo de meditación y usaremos la misma expresión.

La meditación formal empieza con la respiración, dirigiendo la atención a las sensaciones físicas que surgen mientras exhalas e inhalas. Al cabo de unos momentos se amplía el foco de atención para tomar conciencia del sonido, las sensaciones que provoca el entorno y los pensamientos y sentimientos que aparecen. Y hay que prestar atención con los cinco sentidos. Cada estrategia se centrará en una experiencia en particular (física, emocional o mental).

Las estrategias de meditación formal pueden durar desde un minuto a varias horas. Las que proponemos en este libro requieren entre 1 y 20 minutos de tiempo. Aconsejamos que programes una suave alarma para marcar el fin del tiempo, pero es necesario que el sonido sea relajante (no hay nada que pueda hacer tanto daño a un estado de paz interna como una alarma en el oído).

Es mejor poder escuchar las instrucciones mientras se realiza la práctica que tener que consultar el libro constantemente. Puedes grabártelas utilizando este libro como guion o buscar ejercicios similares en internet en páginas como www.freemindfulness.org y www.franticworld.com/free-meditations-from-mindfulness. También hay muchos vídeos disponibles en YouTube.

Practicar la meditación formal te facilitará realizar la práctica informal, pues te ayudará a acostumbrarte a sintonizar lo que sucede dentro de ti y a tu alrededor. Aprenderás a reconocer tus pautas de pensamiento y tus incursiones en caminos poco adecuados o destructivos. Serás capaz de identificar tus estados de ánimo y de ver cómo se relacionan con tus pensamientos, con tu cuerpo y con tu comportamiento. Asimismo, podrás detectar los malos hábitos que acaban por dirigir tu día a día.

Ser compasivo, curioso y no emitir juicios

La palabra «compasión» aparece mucho cuando se habla de atención plena: «Acoge tus pensamientos con compasión y sin emitir juicios» es una frase común. En definitiva, lo que significa es que no te juzgues y que seas más amable y cálido:

◆ Sé curioso: si tu mente divaga, tráela de vuelta con suavidad y sin frustrarte; simplemente está haciendo lo que está acostumbrada a hacer, así que no te enfades.

◆ No seas escéptico con lo que haces: ¡la atención plena funciona!

◆ Felicítate por intentarlo y recuerda que la atención plena es una habilidad que se aprende: no conseguirás la maestría en un día.

◆ No te juzgues: no hay nada bueno ni malo cuando se practica la atención plena. No es posible «ganar» cuando la practicas, así que deja de decirte que lo haces mal o que te estás haciendo un lío.

Al final de cada estrategia te haremos preguntas acerca de cómo te ha ido. Por favor, no te las saltes: reflexionar sobre cómo te has sentido y sobre qué has detectado es una parte importante de la atención plena (y una habilidad importante para aprender más cosas nuevas). No tiene sentido pensar «lo detesto» y lanzar el libro por la ventana sin saber por qué. Sería como jugar al tenis por primera vez y destrozar la raqueta por haber lanzado la pelota contra la red.

Recuerda: los sentimientos y pensamientos malos se van

Estas estrategias harán que te «enfrentes» a los sentimientos negativos, que es lo contrario a lo que sueles hacer, pues tu instinto natural te empuja a escapar de ellos o a ignorarlos. La atención plena consiste en aprender que los sentimientos son transitorios, que vienen y van. Escapar, ignorarlos o ceder ante pensamientos y sentimientos terribles (regodearse en ellos) solo los hará más fuertes. ¿Recuerdas la analogía de la nube (p. 40)? Bueno, pues es cierto: tu mal humor está ahí, pero pasará si lo permites. Recuérdate que ya te has sentido triste y feliz antes, y que volverás a sentirlo en el futuro.

Algunas personas perciben que al empezar a practicar la atención plena sus emociones se hacen más intensas. Si ello te sucede, recuerda que no estás solo y que es una experiencia común. Incluso puedes aceptarlo como una señal de que la estrategia que estás practicando es importante.

Sobre la práctica formal

Esta es la postura que te recomendamos que adoptes durante todas las estrategias que planteamos en el libro:

◆ Siéntate en una silla con la espalda recta (la espalda no debería tocar el respaldo)

◆ No cruces las piernas y deja los pies planos sobre el suelo

◆ Los hombros y los brazos deben estar relajados, y las manos colocadas de manera que te resulte cómodo

◆ Mantén la cabeza recta, con la barbilla ligeramente hacia abajo

◆ Puedes tener los ojos abiertos o cerrados. Si los mantienes abiertos, deja que la mirada repose en el suelo a un metro o metro y medio de distancia, sin fijarla en nada.

Si te sientes más cómodo hazlo tumbado, al igual que si prefieres sentarte en el suelo con las piernas cruzadas. Hazlo como te vaya mejor. Desconecta móvil, radio, ordenador o cualquier otra posible fuente de distracción. Cierra la puerta y asegúrate de que nadie te molestará. (Practica a primera hora, antes de enfrentarte al mundo.)

Una cosa curiosa acerca del tiempo

Reserva veinte minutos cada día para practicar. Sí, cada día. Esta es la única forma de establecer una rutina que de verdad puedas seguir. Una de las excusas más comunes que la gente se pone es que no disponen de suficiente tiempo para meditar. Sí, tienes un trabajo enloquecedor, dos hijos, un compañero/a exigente, un perro dependiente y una gotera en el techo... pero ¿qué me dices de los veinte minutos que has perdido retrasando la alarma del despertador esta mañana, o de los veinte minutos que has pasado viendo vídeos de gatos con sombrero en YouTube?

Puedes encontrar tiempo: si crees que es lo bastante importante, lo harás. Y cuando lo hayas hecho, te sorprenderá la cantidad de tiempo extra que tienes en general. Tal como hemos mencionado en el capítulo 1, la meditación conseguirá que ahorres tiempo a largo plazo. Se dice que si uno tiene dos días para escribir una carta, tardará dos días en escribirla. Le dará vueltas a qué papel usar, con qué pluma, si dirá «querido» o «estimado». Dará vueltas hasta encontrar una buena frase de inicio. Es decir, empleará todas las horas disponibles. O bien lo aplazará hasta el último momento, sintiéndose culpable por procrastinar durante dos días. Tendrá esa tarea metida en el fondo de la mente y eso le influirá en todo lo que haga. Al final escribirá cualquier cosa en el último momento. En cualquiera de las dos posibilidades, esos dos días se habrá dedicado a pensar sobre la carta, en escribirla o en evitarla. La atención plena permite concentrarse en el aquí y el ahora hasta tal punto que hará de ti una persona tan productiva que no te reconocerás a ti mismo. Puesto que no estarás preocupándote por el futuro, lamentándote por el pasado ni procrastinando, te dedicarás a realizar las tareas. Así que, por muy ocupado que estés o que creas que estás, por favor, resérvate 20 minutos al día y no lo dejes.

✪ Anota en tu diario lo que vas a practicar

Prográmate la práctica. Anotarlo físicamente le dará un significado más «oficial» y te sentirás menos propenso a saltártelo. Anota también los potenciales obstáculos que te dificulten la práctica y trabaja con ellos. Por ejemplo, si alguien debe venir a las 9.00 y has programado la práctica a las 8.30, empieza un poco antes o pídele a tu pareja/compañero/hijos que estén atentos para abrir la puerta.

Hemos convertido esto en una estrategia oficial porque es muy importante. Resulta demasiado fácil decirse «mañana empiezo» y, sin que uno se dé cuenta, encontrarse con que ha pasado un mes y continúa soportando todo el estrés y la preocupación de siempre pero, ahora, con el peso añadido de la culpa por aplazar tu práctica.

Recuerda: no es posible «ganar» practicando la atención plena

Por favor, relee lo siguiente antes de cada ejercicio nuevo:
No hay nada bueno ni malo cuando se practica atención plena: no es posible «ganar». No se trata de tener éxito o fracaso, y no hay una medida única para todos. No se supone que debes experimentar una cosa en particular ni «ver la luz». No existe ningún objetivo por el que debas esforzarte ni perfeccionarte en la experiencia de la atención plena. Simplemente se trata de experimentar el momento tal como es. Si te marcas un objetivo, te encontrarás constantemente valorando lo cerca o lo lejos que te encuentras de conseguirlo, lo cual es una tarea imposible cuando se trata de temas de la mente. Si dices «seré completamente consciente en dos semanas», el hecho de centrarte en el éxito te bloqueará y no podrás realizar la práctica, que consiste en, simplemente, «ser».

No te esfuerces. Si estás todo el tiempo pensando «¿Lo estoy haciendo bien?» o «¿Me estoy haciendo un lío?» solo conseguirás frustrarte y enojarte. Es como cuando se prepara un suflé: si te pasas el rato abriendo la puerta del horno para comprobar si sube, no lo hará. El acto de comprobar altera el resultado. Incluso los chefs profesionales hacen un mal suflé de vez en cuando, así que no tiene sentido empezar a practicar con un plan ambicioso.

Sí, te estamos diciendo que empieces sin expectativas, objetivos ni garantías. En la atención plena se trata de eso: de aceptar y de no emitir ningún juicio en absoluto. Céntrate en lo que estás haciendo, intenta confiar en el proceso y mira a ver dónde te lleva. Permite que tu experiencia sea la experiencia.

Si nunca has practicado meditación, es posible que te parezca extraño y te desalientes. Los seres humanos somos criaturas de costumbres, y las cosas nuevas nos asustan. Vivimos un mundo en el que nadie quiere parecer estúpido, y tendemos a sentirnos observados cuando hacemos algo «diferente». Además, vivimos en una sociedad obsesionada con el «lo quiero para ayer» y en la cual nos enorgullecemos cuando somos capaces de hacer el máximo de cosas en el menor tiempo posible. En un entorno así, la meditación puede parecer algo muy extraño, porque uno siente que no está haciendo nada. «¿Cómo te atreves a quedarte ahí sentado?», te dirá la mente. No le hagas caso. Aunque te parezca que la meditación no puede con tus niveles de estrés, continúa. Hará maravillas con tu mente y con tu cuerpo. Sí, algunas estrategias pueden parecer aburridas, pero eso no significa que las estés haciendo mal (porque «mal» no existe); simplemente significa que debes hacer regresar tu mente a la práctica e intentarlo de nuevo.

✪ La prueba del brazo

Intenta lo siguiente: recorre con el dedo índice desde el interior de tu muñeca hasta el codo una y otra vez durante un minuto (ponte la alarma). Concéntrate en la sensación física que te produce el roce del dedo al pasar suavemente sobre tu brazo.

Repaso: ¿Qué has notado? ¿Cómo lo has sentido físicamente? ¿Te ha hecho cosquillas? ¿Las cosquillas se han hecho más fuertes cada vez? ¿En algún momento ha empezado a resultarte desagradable? ¿Qué hacía tu mente? ¿Te has juzgado, pensando «debo de parecer un idiota»? ¿O has divagado? ¿Has empezado a pensar en otras cosas? ¿Qué cosas?

Ejemplo: el primer intento de Kate de meditar

Kate realizó la prueba del brazo por primera vez y se sorprendió de lo sensible que lo sintió: le cosquilleaba cada vez que pasaba el dedo por la piel. Incluso continuó notando la sensación durante un rato después. Mientras hacía el ejercicio, se dio cuenta de que pensaba «No tengo ni idea de por qué estoy haciendo esto, y seguramente no lo estoy haciendo bien». Su mente divagó y empezó a hacer planes para la noche. La alarma sonó y, de repente volvió a recordar dónde estaba y qué estaba haciendo.

Si tu mente divaga, no le des importancia

No te enfades contigo mismo si tu mente divaga, como le pasó a Kate, mientras haces los ejercicios. El objetivo no es evitar que la mente divague, sino darte cuenta de cuándo lo hace y traerla de nuevo con suavidad a lo que estás haciendo. Este es uno de los primeros pasos de la atención plena: ser consciente de tu mente y de lo que hace. No debes intentar vaciar la mente, simplemente obervarla y empezar a reconocer las pautas recurrentes.

Muchas personas se quejan de que tienen la mente demasiado ocupada para meditar, de que no pueden conectar con lo que están haciendo porque no pueden dejar de pensar. Se toman el constante parloteo de la mente como un fallo. ¡No lo es! Tu mente está diseñada para esa cháchara: esa es su razón de ser. No puedes pararla. Lo que sí puedes hacer es darte cuenta de cuándo está parloteando y atraerla de nuevo a la tarea que estás realizando, sea una estrategia formal, o escribir un e-mail o hablar por teléfono con tu abuela. Cada vez que te das cuenta y haces regresar la mente al presente, estás aplicando la atención plena.

Unas cuantas cosas que no son atención plena

Hemos hablado de lo que es la atención plena, pero también es interesante repasar las cosas que no tienen nada que ver con ella.

◆ No se trata de «ganar». La atención plena es simplemente una forma de reequilibrar tu vida y todo el mundo obtiene una cosa distinta de ella.

◆ No adormecerá tu mente. Muy al contrario: esta nunca se habrá sentido más viva, y podrás tomar decisiones conscientes, puesto que estarás dando respuesta en cada momento.

◆ La atención plena no es una relajación. Es posible que te relajes durante la meditación, pero no lo haces para conseguir un estado mental determinado, sino para reconocer tu estado mental, sea el que sea.

◆ La atención plena no pretente vaciar tu mente, sino darse cuenta de lo que sucede en ella.

◆ Que la mente divague no es malo.

◆ La atención plena no te convertirá en una persona buena. Simplemente te ofrecerá la oportunidad de decidir cómo quieres actuar.

◆ Practicar la atención plena no significa que no te importe el pasado o el futuro. Se trata de ver el mundo con mayor claridad, para que puedas actuar de manera más sabia y cambiar las cosas que deban cambiarse.

Un soplo de aire fresco

La respiración es el elemento central en todos los ejercicios de atención plena que proponemos. He aquí los motivos:

1. La respiración se da en el presente (ahora mismo estás respirando), así que el hecho de centrarte en ella te ayudará a arraigarte en el aquí y ahora, restando poder a los pensamientos recurrentes o de preocupación.

2. La respiración es constante. Siempre estás respirando (a no ser que algo vaya mal), así que siempre es un elemento asequible en el que concentrarse.

3. La respiración es automática; tus pulmones hacen su trabajo sin que tu intervengas en ello. No puedes decidir que dejas de respirar, igual que no puedes decidir que dejas de dormir. Eso significa que concentrarte en ella aliviará tu mente de sus preocupaciones.

4. Respirar es sencillo. Nuestras vidas son complicadas, así que concentrarte en la respiración es una manera fácil de estar en el presente sin entrar en el rollo del autoanálisis.

5. Aprender a concentrarte en la respiración es practicar la forma más básica y efectiva de atención plena. Al decidir de forma consciente que te concentras en tu respiración, tomas distancia de tus pensamientos y sentimientos y de esta forma evitas caer en recurrentes círculos viciosos.

✪ Respirar con atención plena (parte 1)

Durante los próximos dos minutos (pon la alarma) dirige la atención a tu respiración, a cómo el aire entra y sale de tu cuerpo. Si te resulta de ayuda, puedes decirte mentalmente:

AL INSPIRAR, SÉ QUE ESTOY INSPIRANDO.
AL ESPIRAR, SÉ QUE ESTOY ESPIRANDO.

De forma alternativa, puedes sustituir esto por contar, siguiendo la regla de que una inspiración y una espiración son una respiración. Por ejemplo, mientras inspiras cuenta uno mentalmente, y mientras espiras vuelve a contar uno. Inspira por segunda vez y cuenta dos.

Espira por segunda vez y cuenta dos. Continúa así hasta llegar a diez, y luego vuelve a empezar hasta que suene la alarma. Si te pierdes en la cuenta, vuelve a empezar (sin castigarte a ti mismo: recuerda que no es posible «ganar», así que «perder» no importa).

Si te resulta difícil hacerlo de esta manera, prueba a prestar atención solamente a la sensación que te produce una respiración (inspiración y espiración). Nota las sensaciones que te produce el aire al entrar y salir de tu cuerpo: ¿qué sucede en las fosas nasales, los hombros y las costillas mientras espiras e inspiras?

Repaso: ¿Qué te han parecido estos ejercicios? ¿Qué pensamiento, emoción, sensación física o distracción externa has experimentado?

Te hemos sugerido que contaras o dijeras mentalmente «sé que estoy inspirando» mientras lo hacías para que pudieras concentrarte en la tarea. A pesar de todo, es probable que la mente haya divagado durante los dos minutos y que rápidamente hayas olvidado lo que estabas diciendo o que hayas perdido la cuenta. ¿Verdad que sí? No te preocupes, tu trabajo consiste en que empieces a darte cuenta de cuándo la mente divaga, de tomar nota de hacia qué temas divaga y, luego, que la traigas amablemente de vuelta. Practica hasta que ya no pierdas la cuenta y entonces llegará un momento en que ya no necesitarás contar y podrás concentrarte solamente en la respiración durante los dos minutos enteros.

Ejemplo: la dificultad de Jenny con la respiración

Jenny empezó a hacer el ejercicio y consiguió realizar las diez primeras respiraciones sin perder la cuenta, pero entonces pensó: «¿Qué sentido tiene esto?», lo cual la llevó a «¿Cómo me ayuda esto en mis dificultades en las relaciones?». Empezó a dar vueltas a los problemas que tenía con su novio y, de repente, sonó la alarma. Jenny se sentía igual de estresada que cuando había empezado, pero ahora se le sumaba el enojo de no haber terminado la tarea de la forma «adecuada».

El mapa mental de Jenny era el siguiente:

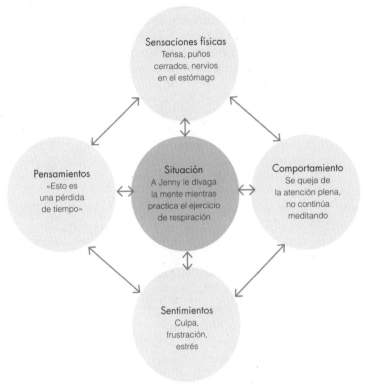

Resulta muy fácil verse atrapado en tus propios pensamientos y juicios. A todos nos sucede: evocamos las cosas que nos irritan y revivimos las discusiones. Pero eso solo sirve para sentirnos peor. Es importante que recuerdes que serás más capaz de manejar los problemas de tu vida si estás tranquilo y equilibrado mentalmente. La atención plena te ofrece eso. Si te alteras, solo conseguirás empeorar los problemas y no podrás solucionarlos. Si Jenny hubiera terminado el ejercicio reconociendo que sus pensamientos habían divagado y aceptando que se trata de algo natural, dándose cuenta de que no había «fallado», se habría sentido más dispuesta a intentarlo de nuevo. Al reconocer este progreso, la siguiente vez habría podido hacer volver la mente a la tarea cada vez que sus pensamientos aparecieran en lugar de dejarse arrastrar por ellos.

Este sería el mapa mental de Jenny de haber sido más consciente:

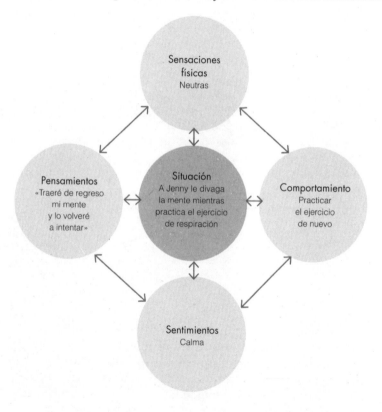

Sensaciones físicas
Neutras

Situación
A Jenny le divaga la mente mientras practica el ejercicio de respiración

Pensamientos
«Traeré de regreso mi mente y lo volveré a intentar»

Comportamiento
Practicar el ejercicio de nuevo

Sentimientos
Calma

Esta estrategia es uno de los primeros pasos para tomarse los pensamientos por lo que son, en lugar de ceder y dejarse arrastrar por ellos. Cuando te sientas más seguro en la práctica formal, lo harás con mayor facilidad en tu día a día.

No abandones

A pesar de que en principio estés de acuerdo con la teoría de la atención plena y abierto a aceptar que pueda funcionar contigo, es una práctica difícil. La mente puede irse a lugares a los que no quieres ir, o quizá te sientas inquieto y pienses que estás perdiendo un tiempo valioso en el que podrías hacer alguna otra cosa. Algunos días puedes sentirte atascado, y otros te parecerá que estás en el punto de partida. Estas respuestas son absolutamente normales, pero confía en nosotras: estás haciendo cosas increíbles, incluso aunque no te lo parezca. Estás aprendiendo cómo funciona tu mente y a distanciarte de su férrea garra. Continúa haciéndolo y pronto te darás cuenta de que cada día prestas una atención más plena.

Los «imperdibles» del capítulo

✓ La atención plena formal (los ejercicios de meditación) ayudan a la atención plena informal (a estar presente en tu día a día). Ambas son igual de importantes.

✓ No es posible «ganar» cuando se practica la atención plena, así que ten paciencia y continúa practicando.

✓ Es normal que tu mente divague. Simplemente reconociendo que lo hace, y volviéndola a traerla al presente, ya estás practicando atención plena.

Capítulo 4

Juegos de la mente

¿A menudo te parece que tu mente te cuenta historias angustiosas y te hace recordar cosas dolorosas solo para atormentarte? En este capítulo te explicaremos cómo reconocer y vencer a estos juegos de la mente.

Cómo funciona tu mente

*L*a mayoría de personas viven su día a día dando rienda suelta a su mente y a lo que esta quiera hacer sin darse cuenta de que tienen la opción de elegir en qué quieren concentrarse. Cruzamos los dedos para que tú empieces a sintonizar con tus pensamientos y para que te des cuenta de que, si te distancias un poco, conseguirás una perspectiva más veraz de lo que sucede. Un aspecto clave de la atención plena consiste en comprender por qué tu mente hace lo que hace, para que puedas reconocer en qué momentos se muestra astuta, mezquina, absurda o directamente grosera.

En este momento, tu mente es como un cachorro sin entrenar. Encantador, de ojos grandes y adorables. Salta de un lado a otro, escarba los parterres, mordisquea la pierna del cartero y destroza tus zapatos. Bueno, el hecho de que te gusten los perros no es irrelevante. Te han hecho responsable de ese cachorro y debes intentar entrenarlo. Empezarás despacio y, poco a poco, aprenderá a venir cuando lo llames. Luego aprenderá a sentarse, a tumbarse panza arriba. Al final dejará de escarbar el parterre de flores y solamente mordisqueará al cartero de vez en cuando. La cuestión es que se trata de un cachorro. Continuará escapándose de vez en cuando y seguirá mostrándose alocado. Con atención plena, tu mente continuará haciendo lo que le plazca, se irá por la tangente y hará todo tipo de travesuras, pero con entreno, práctica y paciencia, tú serás más comprensivo y tolerante, tanto con ella como contigo.

En este capítulo te explicamos cuatro de los principales motivos por los que tu mente se comporta como lo hace.

1. La respuesta de lucha o huida
2. La memoria
3. Los sentidos
4. La educación

El mecanismo de lucha o huida

Aunque llevemos bonitos vestidos o vivamos a través de aparatos muy complicados, no dejamos de ser, básicamente, animales. Tenemos grabados los instintos de supervivencia en los que nuestros ancestros confiaron para sobrevivir, y no por el hecho de que no necesitamos ocultarnos de unos mamuts peludos dejamos de tener esos primitivos instintos en nuestro interior.

Poseemos una forma innata de reaccionar al estrés y a la ansiedad llamada «mecanismo de lucha o huida» que se encuentra localizada en una parte del cerebro conocida como amígdala. Este mecanismo se dispara cuando percibimos una amenaza o un peligro. La amígdala forma parte del sistema límbico, un conjunto de estructuras del cerebro que se encuentra en la parte superior del bulbo raquídeo que procesa nuestras emociones.

Imagina que caminas por la calle cuando, de repente, te ataca un león. Tienes dos opciones: luchar contra él o echar a correr. Ambas opciones requerirán un esfuerzo físico excepcional y, para hacerlo posible, tu eficiente sistema nervioso simpático llena tu cuerpo de adrenalina y cortisol. Tu corazón late más deprisa, retira la sangre de las partes del cuerpo que menos la necesitan y la transporta a los músculos de las extremidades que necesitarán más fuerza para correr o para luchar. Estos músculos se tensarán, listos para entrar en acción. Tu respiración se acelerará para inundar tu corriente sanguínea de oxígeno y para afinar tus sentidos. Tus pupilas se dilatarán para que veas con mayor definición, tus oídos se convertirán en micrófonos ultrasensibles y tu percepción del dolor disminuirá. La sangre se retirará de la superfície de tu piel, de tus dedos de los pies y de las manos, lo que puede hacerte sentir los pies y las manos frías o cosquilleantes. Eso tiene la función de que, si el león te hiere, haya menos probabilidades de que mueras desangrado (desagradable, pero cierto). También empezarás a sudar para evitar un sobrecalentamiento del cuerpo.

Estarás en «modo ataque»: preparado, tanto mental como físicamente, para luchar o para huir. Tu mente racional se habrá detenido: cuando te enfrentas a un león, no tienes tiempo de pensar «¿Por qué diablos hay un león en la calle?». Está ahí, y ahora debes hacer algo al respecto. Tu cuerpo sabe que ese tipo de pensamientos te harían reaccionar con mayor lentitud, así que los desconecta. Cuando estás en ese estado, todo es una amenaza en potencia. Reaccionas de forma exagerada ante cualquier estímulo, pues tu miedo ha alcanzado el punto álgido de enfrentarse a la supervivencia. Los cambios físicos que sufres son dramáticos.

El hecho de que la sangre se haya retirado de las partes que menos la necesitan puede provocarte náuseas o estreñimiento, pues el sistema digestivo se cierra. Además, las glándulas salivales dejarán de segregar saliva y tendrás la boca seca. La respiración acelerada te puede provocar mareos o acaloramiento interno.

Cuando hayas conseguido dar esquinazo al león, subir a un árbol o llamado al zoo de la ciudad, el sistema nervioso parasimpático tomará el mando. Eso significa que tu cuerpo segregará noradrenalina para ayudar a revertir los cambios que han ocurrido en tu cuerpo previamente. Este se irá enfriando de forma gradual y todo volverá a la normalidad.

¿No es espectacular todo este proceso? Pues sí, bastante.

El mecanismo de lucha o huida era imprescindible para la supervivencia del ser humano, marcaba la diferencia entre la vida y la muerte. El problema es que, tras miles de años, continuamos programados exactamente de la misma manera. La amígdala no es capaz de distinguir entre una amenaza externa —un león— o una amenaza interna y psicológica, como una pelea o una entrevista de trabajo. Esto significa que el mecanismo de lucha o huida puede dispararse cada vez que sientes miedo, ansiedad o estrés, lo cual es muy útil para enfrentarse a la presencia de un león pero no tanto cuando se trata de negociar un aumento de salario.

Los problemas económicos, un pariente abominable o una preocupación por la salud no se manejan luchando o huyendo (aunque nos reservamos la opinión sobre los parientes odiosos). A pesar de ello, tu cuerpo no lo sabe y se prepara igualmente. La adrenalina y el cortisol se disparan de forma muy rápida, y los pensamientos desaparecen. La noradrenalina actúa de forma lenta, lo cual significa que puedes tardar años en superar las cosas.

Pero eso no es todo. Luchar o huir no es solamente una respuesta a problemas reales, sino también a los imaginarios. Por ejemplo, tener miedo a ponerse en ridículo o recibir una crítica. La gran presión y exigencia a que nos somete nuestra cultura disparan la respuesta de lucha o huida tan a menudo que, a veces, no tenemos tiempo de regresar a un estado normal, y eso tiene como consecuencia que sufrimos un estado de tensión constante.

Cuando sufres estrés constante, tu cuerpo y tu mente pierden la capacidad de manejarse con la realidad cotidiana. Tu cuerpo no está diseñado para estar siempre en ese estado, así que empezará a compensar la energía perdida sacándola de otros lugares, como el sistema inmunológico. Entonces es posible que sufras dolores, problemas digestivos, pérdida de apetito, agotamiento o una mayor propensión a las enfermedades. Podrás luchar durante un tiempo, pero estos síntomas conducen, a la larga, al agotamiento.

Este estado constante de lucha o huida no lo sufren solamente las personas sometidas a una presión constante sino también —y esto resulta interesante— las personas que están obsesionadas con la consecución de sus objetivos y se precipitan inconscientemente de una tarea a otra. Las investigaciones demuestran que las personas que se definen a sí mismas como «activas» o «inquietas» tienen la amígdala en estado de alerta todo el tiempo. En su caso, la «amenaza» consiste en no conseguir lo que desean cada día, así que el «peligro» nunca desaparece.

Cerebro antiguo versus cerebro nuevo

El profesor Paul Gilbert, jefe del equipo de investigación de salud mental de la Universidad de Derby, cree que lo descrito es el resultado de nuestro «cerebro antiguo». Cuando nuestros cerebros evolucionaron, nuestras preocupaciones consistían en la supervivencia: comida, agua y cobijo para evitar alimañas. Pero también necesitábamos mantener una posición social dentro del grupo. Era importante tener un compañero, y un buen rol para cubrir las necesidades de los hijos. Nos empujaba el deseo de seguridad, y también nos enfrentábamos al rechazo o a la crítica con angustia, ansiedad y un estado defensivo. Pero a medida que evolucionamos, también lo hizo nuestro cerebro. Nos hicimos conscientes de nosotros mismos de una manera distinta a la de los otros animales. Somos capaces de planificar y de razonar. Podemos crear, imaginar y tener fe. Podemos mirar hacia atrás, reflexionar y, sí, rumiar.

Nuestro maravilloso cerebro nos ha convertido en la especie que somos hoy, pero nuestro «cerebro antiguo» continúa ⋯⋰

···∴ vivo y goza de plena salud. Eso significa que seguimos siendo esclavos de nuestros miedos, deseos e instintos más básicos. Somos sensibles a cómo nos perciben los demás, continuamos teniendo un profundo impulso a «adaptarnos» y aplicamos comparaciones que evalúan «la supervivencia del mejor» sin ni siquiera darnos cuenta («Soy mejor/más feo/más listo/más débil que él o ella»). Tememos la crítica, la vergüenza y el rechazo. Todas estas cosas serán evaluadas como una «amenaza» o un «peligro» por nuestra amígdala, lo cual disparará el mecanismo de lucha o huida y provocará un comportamiento muy distinto al que tendríamos si fuéramos capaces de emplear nuestro «cerebro nuevo» y pensar de forma racional, lógica, creativa y abierta acerca de lo que sucede.

Por suerte, la atención plena puede poner un límite a las consecuencias del mecanismo de lucha o defensa, pues permite identificar lo que lo dispara. Reconocerás los síntomas y podrás frenar la subsiguiente reacción negativa en cadena.

Demos las gracias (aunque no tanto) a los recuerdos

Tanto el cerebro antiguo como el nuevo disponen de un arma imprescindible en su arsenal para hacerte sentir ansioso, preocupado o triste: la memoria. Como ser humano, tus emociones están intrínsecamente conectadas a tu memoria. Cuando te sientes de una manera determinada, tu mente buscará entre los recuerdos aquel que encaje con lo que estás sintiendo ahora. Es una estrategia muy hábil, en realidad, porque es un intento de encontrar un punto de referencia, algo que explique por qué te sientes de esta forma y qué deberías hacer al respecto. Al encontrar alguna similitud con algún suceso anterior, tu cerebro intenta encontrar una solución.

Cuando te sientes fantásticamente bien, esto puede resultar una experiencia positiva. Tu mente recolecta recuerdos de otros momentos en que te sentiste de manera parecida, y te sentirás inundado por una cálida ola de bienestar. Pero cuando te sientes estresado, ansioso o infeliz, tu mente te hará revivir esa vez en que, sin darte cuenta, flirteaste con el padre de tu amigo o en que te despidieron por mandar por accidente a tu jefe un e-mail en el que hablabas de él. Es un efecto dominó: cada recuerdo añade sentimientos de miedo, inadecuación o frustración al anterior hasta que, al final, piensas: «Nada sale nunca bien en mi vida».

Estos pensamientos autoagresivos son increíblemente poderosos y una vez te han aprisionado con su garra te resulta dolorosamente difícil liberarte de ellos. Afectarán seriamente tu estado de ánimo, tu cuerpo y tu comportamiento.

Ejemplo: Louise y la pesadilla del retraso

Louise estaba esperando a su amiga Emily. Otra vez. Emily siempre llegaba tarde. Y puesto que siempre llegaba tarde, parecía que no le importaba, que daba por supuesto que la gente aceptaba que ella se retrasaría y que eso no era un problema. Ni siquiera se molestaba en disculparse cuando por fin aparecía. Y eso ponía a Louise de los nervios.

Las manecillas del reloj avanzaban... y avanzaban. Cuando Emily ya llevaba 20 minutos de retraso (sin enviar un mensaje ni tampoco llamar), Louise estaba tan furiosa que le había entrado dolor de cabeza. «¡Sabía que pasaría esto!», se decía sin dejar de recordar otras ocasiones en que había estado esperándola. Unas semanas antes, Emily llegó una hora tarde. «Es evidente que no le importa que esté sentada aquí, sola. Seguro que no hace lo mismo con otras personas. ¡Seguramente, ahora mismo se está riendo de mí! La verdad es que siempre soy el blanco de sus chistes, como esa vez en que se burló de mi corte de pelo. Se muestra bastante grosera, en general... esa vez fue muy desagradable con mi hermana. ¡Ya está, me voy!» Y salió de estampida.

El mapa de Louise
era el siguiente:

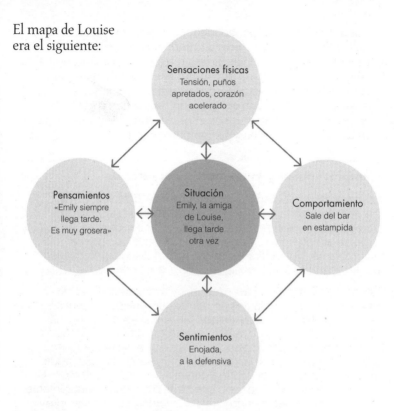

Sensaciones físicas
Tensión, puños
apretados, corazón
acelerado

Pensamientos
«Emily siempre
llega tarde.
Es muy grosera»

Situación
Emily, la amiga
de Louise,
llega tarde
otra vez

Comportamiento
Sale del bar
en estampida

Sentimientos
Enojada,
a la defensiva

✪ Tu propio mapa mental de la memoria

Piensa en la última vez en que tuviste una pelea con un amigo,
familiar, hijo o compañero. ¿Qué provocó tu enojo? Ahora intenta
recordar si tu mente recopiló otras cosas que ellos te hicieron
y que también te enfadaron. Tu memoria no es escrupulosa:
encontrará cualquier tipo de recuerdo que se adapte a tu estado
de enojo/frustración/vergüenza. Al igual que sucedió en el caso
de Louise, en lugar de enfadarse por el retraso de Emily, su mente
le hizo revivir otros momentos en que también se enfadó con ella

—como cuando se rio de su corte de pelo o se mostró grosera con su hermana— que no tenían nada que ver con que llegara tarde.

Elabora tu mapa mental incluyendo tanto el motivo original por el que te enfadaste como algunos de los pensamientos que tu memoria trajo a tu mente.

Hemos elaborado otro ejemplo para ayudarte:

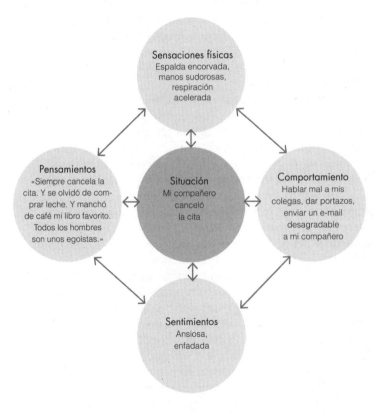

Tu mente te ayuda dándote ejemplos de situaciones anteriores en que sentiste lo mismo, pero en realidad hace lo contrario: te está dando más cuerda. La atención plena te ayudará a reconocer qué hace tu mente y a tratar tus pensamientos con el recelo que merecen para que puedas distanciarte algo y pensar si son de fiar. ¿De verdad es lo mismo que tu compañero cancele una cita a que olvidara la leche? ¿De verdad su comportamiento es representativo de su género en conjunto? ¿De verdad quieres sumergirte en esos recuerdos y permitir que te sientas peor? A partir de ese momento, podrás decidir cómo actúas frente a esos pensamientos.

Sobrecarga sensorial

Tu mente es un gran almacén repleto de hileras de armarios. Cada uno contiene información, y puede ser abierto por tus emociones y sentidos. ¿No te ha sucedido alguna vez que has notado el olor de algún perfume y has revivido una fiesta de adolescencia? ¿O que has comido algo que te ha recordado la infancia? ¿O has oído una canción y te ha transportado a unas vacaciones de verano?

Lo que vemos, oímos, saboreamos, olemos y tocamos puede traernos recuerdos, recuerdos que quizá ni siquiera sabes que conservabas. Es posible que visites algún lugar al que hace años que no vas y del cual no recuerdas gran cosa pero que, en cuanto llegues, te inunden multitud de recuerdos.

Tus sentidos pueden inspirarte tanto sentimientos de nostalgia (recuerdos agradables) como sentimientos desagradables, y lo que los provoque puede ser algo muy sutil: el sonido de un teléfono móvil en el autobús, el olor del champú de alguien que se encuentra delante de ti en la cola, el sabor de un cruasán mientras te lo comes de camino al trabajo. Estás haciendo tranquilamente tus tareas y, de repente, te encuentras en la playa, diez años atrás, besando a alguien de cuyo nombre no te acuerdas.

Si estás estresado o ansioso y tu mecanismo de lucha o huida se ha disparado, tus sentidos estarán en alerta máxima y serás más sensible a los sucesos externos. ¿No te ha pasado que intentas no encontrarte con alguien y que todos aquellos con quienes te cruzas te recuerdan a esa persona? ¿O que te parece oír su voz en todas partes? Tus sentidos detectan las posibles situaciones amenazantes o peligrosas, y hacen aparecer todas esas cosas juntas en tu mente.

Cómo te afecta la educación

Las historias que tu mente cuenta y la manera en que interpretas las situaciones están influidas por las experiencias que tuviste en la infancia. Tus creencias e impresiones acerca de ti mismo y de los demás se formaron y desarrollaron durante tu infancia: las impresiones acerca de tu valía personal, de tus logros, de si eres aceptado y digno de recibir amor. Durante tu infancia aceptaste lo que te decían (en general, tus padres o tus familiares más cercanos) pues no tenías con qué compararlo. Eso formó la manera en que te manejas con los problemas, la forma que tienes de enfrentarte a los sentimientos de angustia y la confianza interna que tienes.

Si te hicieron sentir que eras feo o tonto, esas ideas han marcado, hasta cierto punto, la creencia que no das la talla de adulto. Aunque sepas, de forma racional, que no eres feo ni tonto, eso se ha convertido en una creencia en la que se basan otras creencias. Si siempre te sentiste que no eras bastante listo o que no tenías tanto éxito en los estudios como tus hermanos, es posible que eso haya influido en las ideas que tienes acerca de lo que significa conseguir tus objetivos, en la formación de tus ambiciones y en cómo valoras tus logros. Y si tus padres eran muy luchadores, es posible que te hayan traspasado la tendencia a ser ansioso. Todas esas cosas pueden afectar a tu autoestima y forman tus pautas de pensamiento.

Las personas que tuvieron una infancia difícil a menudo se dan cuenta de que se esfuerzan por conseguir el éxito o por mejorarse a sí mismas siguiendo las creencias que se formaron en su juventud. Por ejemplo, se dejan la piel para conseguir el éxito profesional, por mejorar su aspecto físico o su forma física, o por ser «guays» socialmente. Y por muchas cosas que consigan, posiblemente no dejen de sentir que les falta algo. Esto es así porque nunca se han enfrentado a sus miedos internos. En su interior, esas personas nunca sentirán que han alcanzado unos niveles aceptables en lo que sea. Por suerte, la atención plena puede ayudar en esos casos.

Cómo la atención plena te ofrece tranquilidad mental

Cuando tu mente está dando vueltas de forma descontrolada y estás a punto de sucumbir al mecanismo de lucha o huida, la atención plena te dará herramientas para que puedas distanciarte, reconocer lo que está sucediendo y detener ese círculo vicioso. El simple hecho de reconocer lo que tu mente está haciendo («Empiezo a entrar en pánico» / «Me estoy saliendo de mis casillas» / «Me estoy exasperando») provoca un enlentecimiento del proceso. Así evitarás encontrarte, de repente, metido debajo del escritorio sin saber cómo llegaste ahí. Te estás dando una oportunidad: ¿voy a darle vueltas a esta «amenaza» y a sus posibles consecuencias, voy a repasar todas las veces que me he sentido así en el pasado, voy a dejarme arrastrar por emociones destructivas que me estropearán el día o voy a ver esto de una forma racional?

La meditación de la atención plena te enseña a reconocer los pensamientos y recuerdos dañinos a medida que estos se presenten, a acogerlos y a dejarlos ir. «Dejarlos ir» no significa ignorar el tema o el problema, sino soltar los pensamientos repetitivos y dañinos para que puedan emerger otros más productivos.

Una cosa clave que se debe recordar: no se trata de «pensamiento positivo». La atención plena consiste en reconocer todo lo que está sucediendo —lo bueno, lo malo y lo neutro— para que puedas manejar mejor las cosas desagradables y disfrutar con mayor profundidad de las buenas. Saber que tus pensamientos empiezan a meterse en un terreno conocido de pánico o ansiedad y tener conocimiento de lo que viene después te permite decirte a ti mismo: «Los recuerdos solo son recuerdos, pertenecen al pasado; no son lo que está ocurriendo ahora». Darse a uno mismo esa posibilidad resulta extraordinariamente poderoso.

La atención plena rompe el círculo de preocupación que mantiene a la amígdala en estado de alerta y dispara el mecanismo de lucha o huida. De esta forma, cambia la manera en que percibimos un suceso y nos permite modificar nuestra respuesta ante el mismo. Por ejemplo, «esto es un desastre, como aquella vez que...» se convierte en «esto no es una maravilla, pero estos sentimientos pasarán, podré manejarlo».

Dos argumentos habituales contra la atención plena

1. «Me encanta sentir la emoción de estar siempre en marcha. Funciono a toda pastilla y consigo hacer muchas cosas. ¿Por qué debo dejar de hacerlo?»

Si estás siempre bajo presión, es difícil mantener la atención en una única cosa. Vas de un lado a otro y nunca estás en verdad concentrado en lo que haces. Esta actitud da la impresión de estar trabajando mucho, pero en realidad consigues menos cosas de las que conseguirías si de verdad te concentraras en cada una de las tareas. Y sí, es posible que un poco de adrenalina te motive y te ayude a realizar las tareas difíciles, pero ese estado no se puede mantener mucho tiempo. Tu cuerpo no está hecho para sentirse constantemente estimulado de esta manera. En un momento u otro, desfallecerás.

2. «La presión, el estrés y la ansiedad me ayudan a conseguir mis objetivos.»

También puedes conseguir tus objetivos sin castigarte por las derrotas del pasado. Y si estás siempre enfocado en el futuro, te estarás castigando a ti mismo y no conseguirás apreciar el momento presente. Estarás siempre cambiando los objetivos, lo que te hará sentir que nada es suficiente. Por el contrario, si te concentras en lo que haces día a día, conseguirás muchísimo más, lo harás mejor y obtendrás mayor placer mientras lo haces.

✪ Respirar con atención plena (parte 2)

Esta estrategia parte de la que hicimos en el capítulo anterior (ver p. 53), y te propone que te concentres en la «duración de tu aliento» cada vez que este entra y sale de tu cuerpo.

◆ Siéntate tal como se indicó en el capítulo 3 (ver p. 44) o túmbate de espaldas. Tumbarte puede ser útil en el caso de que no confíes demasiado en estas estrategias todavía.
◆ Pon la alarma para que suene al cabo de dos minutos
◆ Sin pensar demasiado en ello (recuerda que no existe «bueno» o «malo» en la práctica), empieza a respirar. Cuando lo hagas, dirige la atención en lo que dura la espiración. Mídelo contando despacio y mentalmente: 1, 2, 3... (No se trata de medirlo en segundos exactos, se trata de tu propia medida)
◆ Después de haber respirado así unas cuantas veces (inspirar y espirar cuentan como una respiración) ya deberías tener una idea de la «duración» de tu respiración. Digamos que es 5. Ahora intenta alargar la espiración hasta 6, vaciando así los pulmones un poco más.
◆ Al inspirar, hazlo de forma natural, sin tomar ni más ni menos aire del que tomarías habitualmente
◆ Continúa contando tus espiraciones hasta que suene la alarma

Repaso: ¿Qué te ha parecido esta estrategia? ¿El hecho de haber estado «ocupado» (contando) ha hecho que tu mente divagara menos? Contar puede ayudarte a estar concentrado, pero a medida que vayas ganando experiencia ya no necesitarás hacerlo: simplemente podrás seguir tu respiración. Practica cada vez que tengas dos minutos libres hasta que suene la alarma sin que tu mente haya divagado (aunque si lo hace, simplemente, vuelve a traerla de regreso a la tarea).

Con esta estrategia conseguirás modificar tus reacciones habituales ante el estrés, la ansiedad y la preocupación. Se trata de obligar a tu mente a que esté en el momento presente, en lugar de dando vueltas a los recuerdos o especulando con el futuro. Al concentrarte en la respiración, te estarás arraigando en el presente y así conseguirás la distancia necesaria de tus pensamientos. Estos ejercicios de respiración son una excelente base para las prácticas formales que vienen a continuación.

Los «imperdibles» del capítulo

✓ El mecanismo de huida o lucha, los sentidos y la educación se combinan y elaboran las historias que tu mente te cuenta como respuesta a los sucesos.

✓ Darte cuenta de lo que tu mente está haciendo y de por qué lo hace pone un límite al poder que tienen los pensamientos estresantes.

✓ Aplica la estrategia de la respiración para romper los círculos viciosos de pensamientos y recuerdos y para reducir el efecto del mecanismo de huida o lucha.

Capítulo 5

Desactivar el piloto automático

Tu piloto automático interno es fantástico... para algunas cosas. Pero cuando se pone en marcha para todo, uno acaba actuando de forma automática. Aquí te enseñamos cómo desactivarlo para que te sientas más despierto, más presente y consigas recuperar horas perdidas del día.

El piloto automático: pros y contras

$\mathcal{V}$ivimos con el piloto automático puesto durante la mayor parte de nuestra vida. Cuando nos sentamos a comer, no nos vamos diciendo internamente lo que estamos haciendo: «Estoy cortando el pescado con el cuchillo y el tenedor, me pongo el trozo en la boca, mastico, trago el pescado». Simplemente comemos y esperamos disfrutar de la comida. Esto es una especie de «pensamiento procesado», es decir, la forma en que nuestra mente se maneja de manera eficiente eliminando información poco importante.

El piloto automático es una parte esencial de la vida. Sin él, no serías capaz de funcionar de manera adecuada, pues la mente se vería inundada por el exceso de información. Si estuvieras obligado a pensar, paso a paso, cada una de las pequeñas cosas que haces la vida sería dolorosamente leeeeeenta. Por eso, el piloto automático convierte algunas acciones en hábitos, que, una vez los hemos aprendido, se convierten en comportamientos instintivos. Mecanografiar, irse a la cama, conducir, beber o peinarse son actividades que puedes realizar mientras piensas en otras cosas.

El piloto automático permite tareas complejas con muy poca intervención de la mente consciente, lo cual deja espacio libre para las actividades que requieren mayor atención. Es una estrategia altamente efectiva, pero solo cuando se usa de forma adecuada. Cuando te encuentras ocupado, distraído o viviendo desde la mente, algunas actividades importantes se pueden convertir en actos automáticos y es entonces cuando la vida empieza a pasar de largo. Por ejemplo, quitarse de encima las tareas relacionadas con tu trabajo con el mínimo esfuerzo porque estás pensando en el plan de la noche, o telefonear a tu padre mientras miras la televisión. El piloto automático también puede dominar tus acciones a un nivel físico. Seguro que has hecho lo siguiente muchas veces:

◆ Regresar a tu casa para comprobar que cerraste la puerta, porque no puedes recordar si lo hiciste o no

◆ Darte cuenta de que te has equivocado de autobús o te has pasado una salida de la carretera mientras conduces

◆ Entrar en una habitación de tu casa sin tener ni idea de qué habías ido a hacer ahí

El piloto automático está diseñado para llevar a cabo tareas rutinarias como cepillarse los dientes, caminar o vestirse. No sirve para realizar aquello que requiere concentración. Así, cuando se utiliza de forma inadecuada, el piloto automático es la falta de conciencia absoluta y te hace sentir desconectado de las personas y de los sucesos de la vida. Si nos comportamos de forma automática, los días pasan sin que nos demos cuenta de ello («¿Cómo es posible que ya sea junio?»).

✪ A qué sabe la atención plena

En esta estrategia te comerás un grano de uva. No, no estamos bromeando. La uva es la típica comida que nos tragamos sin pensar. Ni siquiera la saboreamos al masticarla. ¿Por qué? Porque tenemos puesto el piloto automático, y normalmente la comemos mientras estamos haciendo otra cosa. Si intentas comerte un grano de uva con atención plena, interrumpirás el piloto automático y estarás presente en el momento.

Necesitas: una alarma, un grano de uva, tu libreta y un espacio tranquilo. Lee las instrucciones y luego olvídalas. Procura no detenerte para releerlas a no ser que sea necesario (considera la posibilidad de grabarte las instrucciones y de escucharlas mientras practicas la estrategia en caso de que te cueste recordarlas). Dedica, por lo menos, treinta segundos para cada instrucción.

Pon la alarma al cabo de cinco minutos y empieza:

1. **Sujétalo:** Colócate el grano de uva en la palma de la mano o entre el dedo índice y el pulgar. Imagínate que acabas de aterrizar del planeta Marte y que nunca has visto un objeto como ese en tu vida.

2. **Tócalo:** Haz girar el grano de uva entre los dedos, explora su textura. ¿Qué sensación tienes? ¿Rugosidad, suavidad, irregularidad? Quizá quieras cerrar los ojos para tener una sensación más intensa del tacto.

3. **Míralo:** Míralo de verdad. Observa cómo refleja la luz: ¿qué dibujos hace en su superfície? ¿Hay algún punto oscuro? ¿Hay alguna arruga en la piel? ¿Tiene algún golpe o algún rasguño?

4. **Huélelo:** Acércate el grano de uva a la nariz e inspira hondo. ¿Tiene olor? ¿Te gusta el olor? ¿Te saliva la boca al olerlo?

5. **Muévelo:** Acerca, despacio, el grano a tus labios concentrándote en la manera en que tu mano y tu brazo saben instintivamente dónde y cómo colocarlo. Introdúcelo con suavidad en la boca, sin masticarlo, notando cómo los labios y la lengua se mueven para recibirlo. Dedica unos instantes a explorar la sensación.

6. **Saboréalo:** Prepárate para masticarlo, prestando atención a cómo se mueve la lengua para ponerse en el lugar adecuado para que puedas masticar. Luego, con gran atención, dale un mordisco. ¿Cómo es el sabor?

7. **Trágatelo:** Cuando te sientas preparado para tragártelo, procura detener por un momento el instinto de hacerlo. ¿La lengua realizó alguna presión hacia la parte posterior de la boca? ¿Te lo tragaste antes de decidir que lo harías?

8. **Digiérelo:** ¿Sientes el grano de uva bajar por la garganta y llegar al estómago? ¿O imaginas que serías capaz de notarlo? Toma nota de cómo sientes la boca y el cuerpo ahora que el grano de uva ha desaparecido.

Repaso: Anota algunas respuestas a las siguientes preguntas:

A. ¿Cuáles fueron tus primeros pensamientos cuando leíste las instrucciones? Por ejemplo: «No me gusta la uva», o «Esto es una tontería», «¿Qué sentido tiene?», o quizá «Aunque estoy solo, me da vergüenza».

B. ¿Habías prestado atención alguna vez al aspecto de un grano de uva y a qué sensaciones te produce?

C. ¿Cómo eran el olor y el sabor? ¿Cómo lo notaste dentro de la boca? ¿Te pareció que tenía el mismo sabor de siempre o que era distinto, más fuerte o más intenso quizás?

D. ¿Pensaste en algún momento «No lo estoy haciendo bien»? Es muy posible que lo hayas hecho: ¡nuestra tendencia a la autocrítica puede aparecer en cualquier momento, incluso cuando nos comemos un grano de uva!

E. ¿Tu mente ha divagado? Si lo ha hecho, ¿hacia dónde? ¿Te ha traído algún recuerdo el grano de uva, por ejemplo de alguna excursión o de algunas vacaciones?

F. ¿Cuándo fue la última vez que prestaste tanta atención a lo que estabas comiendo?

Te hemos pedido que escribas las respuestas para que de verdad las pienses, en lugar de pasar rápidamente por encima y descartarlas. Al explicar lo que te ha pasado, quizá te des cuenta de que, por ejemplo, aunque al principio pensaste que esto no era más que una tontería, al final te diste cuenta de que el sabor del grano de uva era más intenso de lo que esperabas. Esto demuestra el sentido del ejercicio.

Cada persona tiene una reacción distinta a esta estrategia. A algunas les encantará, otras la detestarán, y quizá haya quien sienta indiferencia. ¡También es posible que para algunos sea algo tan extraño que ni siquiera lo intenten! (Si tú has sido una de estas personas, pregúntate si te ha pasado algo parecido alguna vez en la vida y cuántas veces la mente te impide hacer cosas.) Estas reacciones son normales, pero esperamos que cuando hayas hecho este ejercicio comprendas el sentido que tiene: transformar una experiencia sencilla que habitualmente realizas con el piloto automático en algo totalmente diferente. En una situación normal, uno es capaz de comerse un racimo de uvas en 20 segundos sin casi darse cuenta de su sabor. Pocas veces prestamos atención mientras comemos: lo hacemos mientras trabajamos, de camino a algún lugar, en una conversación o mientras miramos la televisión. Comer de esa forma no es algo malo, pero podríamos comer de una manera mejor. Si un pequeño grano de uva tiene un sabor infinitamente más intenso cuando le dedicas un poco de atención, imagínate lo increíble que sería un asado si lo saborearas más.

Es evidente que no se trata de aplicar esto solamente a la comida. Toda la vida puede ser experimentada de forma más plena e intensa. ¿Cuántas veces te comportas en tu vida como lo has hecho al practicar esta estrategia? Este ha sido un momento de pura atención plena, durante el cual has puesto todos tus sentidos en algo como si lo estuvieras experimentando por primera vez. Los bebés tienen esta sensación de maravilla cada día al explorar el mundo por primera vez, puesto que no están atrapados en la preocupación ni en el lamento. Aunque no te estamos recomendando una regresión a la niñez, ser capaz de llevar parte de esa curiosidad a tu vida cotidiana hará que todo sea más vívido, colorido y significativo.

Cambiar los ajustes de tu piloto automático con la atención plena «informal»

Si quieres ser más consciente, debes cambiar los ajustes de tu piloto automático. Estos se fijaron años atrás, y es necesario que los actualices. Al cambiarlos obtendrás una mayor comprensión de tu vida y mejorarás la calidad de tus experiencias. También te harás más consciente de tus patrones de pensamiento automático y eso te permitirá reconocer los círculos viciosos, así como evitar las trilladas vías destructivas o las rutinas mentales.

El hecho crucial es que si solamente vives desde la mente, no importa dónde estás ni qué estás haciendo porque no estás presente en absoluto. El hecho de funcionar constantemente con el piloto automático, el hábito de hacer las cosas mientras tu mente divaga por un laberinto de planes, preocupaciones o lamentos no es manera de vivir. ¿Qué sentido tiene planificar cosas fantásticas si no estás presente cuando suceden? Seguramente habrás notado que te sucede esto en situaciones como estas:

◆ Estar con tus amigos pero estar pensando en el trabajo
◆ Pasar las vacaciones preocupado por si entran a robar en tu casa
◆ Ir a una boda y estar a disgusto con tu traje

Estar presente significa conectarse con el mundo y con la gente que te rodea. Seguro que hay algunos momentos de tu vida que fueron verdaderamente importantes: el instante en que pronunciaron tu nombre para otorgarte un premio, tomar en brazos a tu hijo por primera vez u obtener el trabajo por el que tanto te esforzaste. Sin duda, recuerdas esos momentos. Pero es como si el resto de sucesos de tu vida fueran solo el relleno, cosas que haces para llenar los huecos entre los sucesos importantes. ¡Es terrible que la mayor parte de tu vida sea solamente el relleno! Ser más consciente de las cosas sencillas hará que te resulten más interesantes y te permitirá vivir las cosas importantes de una forma increíble.

La estrategia del grano de uva fue el primer paso para aprender a estar más presente en las experiencias sencillas de tu vida cotidiana. Si empiezas a prestar atención a las cosas que normalmente haces con el piloto automático te sentirás más despierto, tanto física como mentalmente, porque no estarás pasando de largo sino que participarás de forma consciente en todo lo que hagas.

Abandonar tus zonas de confort

Es posible que sigas rutinas —tanto emocionales como de comportamiento— que te hagan sentir que tu vida es «segura». A nivel emocional sigues las viejas pautas de pensamiento, y a nivel de comportamiento haces las mismas cosas día tras día, sin desviarte nunca de lo que conoces. Cuando haces cosas que te son familiares, tu piloto automático está activado y ello te hace propenso a caer en viejos esquemas mentales y emocionales. Por eso vamos a animarte a que trastoques tu rutina.

❂ Trastocar tu rutina

Planifica alguna cosa para cada día durante una semana, cosas que rompan tu rutina habitual (anótalo en tu agenda para que de verdad no te lo saltes). Empieza con algo sencillo y ve haciéndolo cada vez más complejo. Aquí tienes una tabla con algunos ejemplos para que tengas una idea de lo que queremos decir:

	Lunes	Martes	Miércoles	Jueves	Viernes	Sábado	Domingo
Cambio de rutina	Sentarme en una silla distinta mientras veo la televisión (o en la mesa, a la hora de comer)	Ir a comer a un sitio distinto	Ir al trabajo en bicicleta en lugar de tomar el tren	Elegir una clase distinta en el gimnasio	Proponer a los colegas de trabajo salir a tomar unas copas después de trabajar	Proponer a alguien salir a cenar	Empezar a buscar ese nuevo trabajo que hace años que deseas

Repaso: ¿Cuántas de las cosas que planificaste hiciste en realidad? ¿Te saltaste alguna de ellas y volviste a tu rutina? Si es así, ¿por qué? Es posible que pensaras que volver a tu rutina sería «más fácil»: saber de antemano lo que va a suceder es menos estresante, pero ¿qué tiene de divertido no correr nunca un riesgo ni experimentar nada distinto? Si asocias la idea de «nuevo» con la de «estrés» estarás adoptando un papel pasivo en tu vida. A veces, ponerse bajo presión es algo bueno, y trastocar la rutina significa salir del modo piloto automático. Tus reflejos y tu cuerpo se pondrán en marcha y te sentirás más alerta, emocionado e interesado: más vivo.

La mayoría de nosotros somos seres de hábitos. Existe un sentimiento de comodidad y de seguridad producido por saber lo que va a suceder en todo momento. Aunque resulta tranquilizador, permanecer dentro de tu zona de confort puede hacer que estés siempre haciendo las cosas automáticamente y que nunca te comportes de forma espontánea ni te sientas valiente para arriesgarte a experimentar emociones nuevas. Nuestra mente se excita con las cosas nuevas: así es como nos interesamos por el mundo. Si sales de tu zona de confort y apagas el piloto automático, aumentarás tu tolerancia al estrés.

Apagón tecnológico

¿Alguna vez has entrado en pánico porque te has dejado el móvil en casa? «¿Y si hay una emergencia?», «¿Cómo hablaré con mis amigos?», «¿Cómo decidiré a qué bar ir?» Entonces volviste corriendo a casa para ver qué te habías perdido... ¡un único y solitario mensaje de texto de tu proveedor de telefonía!

¿Estás en la parada del autobús? Miras el móvil. ¿Te encuentras en una comida aburrida? Miras el móvil. Seguramente mirarás el móvil aunque estés en una comida fantástica. ¿Por qué? Porque puede ser muy difícil resistir la atracción de tu vida online. Si no miras si te ha llegado un e-mail o si no te conectas a las redes sociales, te sientes ansioso. Igual que cuando estás constantemente conectado. «¿Por qué no ha respondido a mi e-mail?», «¿Por qué no me han invitado a esa fiesta?», «¿Por qué a nadie le ha gustado ni ha compartido mi última publicación?» Así, mientras te ocupas con tu vida online, tu vida real pasa de largo. El noventa y nueve por ciento de los mensajes que recibes o mandas no son urgentes. Si no te permites desconectar, estás perpetuando tu condición de asequibilidad online (lo cual no tiene sentido) y ocupas tu mente con cosas que no son importantes.

✪ Estrategia tecnológica 1: Momentos de apagón de móvil

Seguro que lo primero que has hecho esta mañana al levantarte ha sido mirar el móvil. ¿No? Bueno, entonces formas parte de una minoría. Es increíble la cantidad de veces que lo cogemos sin darnos cuenta de que lo estamos haciendo. Para combatir esta servitud inconsciente, date unos momentos de apagón.

◆ Durante una semana, programa una hora diaria en que pondrás el móvil en algún lugar que no sea fácilmente accesible: por ejemplo en otra habitación, fuera del alcance de tu mano (es decir, no en tu bolsillo) y no lo mires.

◆ Elige un momento en que no debas trabajar o en que no estés esperando nada urgente, quizá a final del día o cuando te levantas.

◆ Si notas que entras en pánico solo de pensarlo, limita el tiempo de apagón a veinte minutos y ve alargando diez minutos cada día hasta que llegues a una hora.

Repaso: ¿Cómo te fue? ¿Hiciste trampa y miraste el móvil un momento? No te preocupes: intenta no hacerlo mañana. ¿Te sorprendió darte cuenta de las muchas veces que ibas a mirar el móvil sin recordar que no lo tenías en el lugar habitual?

Esperamos que esta estrategia te haya convencido de que el mundo no se acabará si no publicas esa hilarante frase o esa foto de tus zapatos nuevos. Si eliminas distracciones innecesarias, estarás más concentrado en tu vida real. Seguro que, después de un par de días, te sorprenderá lo maravillosamente libre que te sentirás por no estar enganchado a tu móvil. Incorpora esta estrategia a tu vida cotidiana también cuando no trabajas. Por ejemplo, come sin el móvil y viaja sin él.

✪ Estrategia tecnológica 2: Apaga tus conexiones online

◆ Si te parece que es posible que seas un poco adicto a tu vida online, prueba a cerrar la sesión de todas tus conexiones cada vez que termines de utilizarlas (e-mail, páginas sociales o tiendas online). Así deberás conectarte de forma consciente cuando quieras entrar.

Repaso: ¿Esta estrategia te resultó agradable o desagradable? ¿Te sorprendió la cantidad de veces que mirabas sin darte cuenta de ello? ¿Cada vez que tenías el impulso de mirar, lo hacías o pudiste pensar «la verdad es que no lo necesito» en algunos momentos?

El acceso a internet es demasiado fácil. Aunque estés haciendo cola en una tienda, solo con tocar dos veces una pantalla te encuentras en una página social sin tener que pensarlo. Por eso, si cierras la sesión cuando salgas de la página, deberás tomar la decisión consciente de volver a conectarte la siguiente vez. Eso te hará más consciente del acto y, seguramente, te sorprenderás al darte cuenta de la cantidad de veces que entras en alguna página solo por costumbre y no por necesidad ni por deseo de hacerlo.

En lugar de conectarte, mira a tu alrededor, percibe lo que ves y lo que oyes. ¡Respira! Simplemente, sé.

Desactivar los ajustes de tu piloto automático

A continuación te ofrecemos una serie de estrategias para que empieces a cambiar los ajustes de tu piloto automático y seas consciente de las cosas que haces habitualmente sin pensar. Recuerda practicar cada una de ellas un par de veces: te sorprenderás al descubrir cuáles te funcionan mejor. No te precipites al realizarlas, ni hagas más de una a la vez. Tómate el tiempo necesario y haz cada cosa despacio de forma deliberada.

El repaso después de cada estrategia siempre es el mismo: cuando hayas terminado, pregúntate cómo te ha ido, de qué te has dado cuenta, si has tenido dudas o no y si estas dudas han obtenido respuesta durante la práctica de la estrategia. Recuerda también no enfadarte si tu mente divaga; simplemente detecta hacia dónde se ha ido y tráela de vuela con amabilidad a la tarea que estés realizando. (También hemos incluido una versión rápida de cada una de las estrategias que llamamos atención plena de un minuto y que son una manera sencilla de empezar.)

✪ Ducharte con atención plena

Cuando te duchas, ¿dónde estás? Sí, vale, ya sabemos dónde está tu cuerpo, pero ¿dónde está tu mente? ¿En el trabajo? ¿Todavía en la cama? Para la mayoría de personas, una ducha es parte de la rutina de levantarse por la mañana, y eso significa, en general, que tienen la cabeza llena de planes, preocupaciones y pensamientos sobre el día que les espera. Y siempre hay, por lo menos, otra persona en la ducha con ellos: quizá su jefe, un amigo con quien se encontrarán durante el día o el conductor del coche que les cortó el paso en la calle el día anterior.

Esta estrategia consiste en darse una ducha con atención plena para que estés completamente presente, en lugar de estar atascado en el pasado o peleando con el futuro.

◆ Entra en la ducha y fíjate en el aspecto del agua al caer sobre ti y arremolinarse a tus pies. ¿Cómo es la sensación que te produce el agua sobre la piel? ¿Cómo huele tu champú? ¿El vapor llena todo el baño? Pon todos tus sentidos en la observación.

Para que tu mente no divague y para que puedas dirigir los pensamientos a lo que estás haciendo, quizá te ayude decirte mentalmente lo siguiente:

◆ Inspiro
◆ Sé que me estoy dando una ducha
◆ Espiro
◆ Siento el agua caliente sobre la piel
◆ Inspiro
◆ Noto el sabor del agua
◆ Espiro
◆ Escucho el ruido del agua al caer a mi alrededor
◆ Inspiro
◆ Miro los dibujos que hace el vapor alrededor de mis pies
◆ Espiro
◆ Huelo el perfume del champú.

Atención plena de un minuto: Presta atención mientras abres el grifo, observa la presión con que cae el agua y concéntrate en la sensación que te produce su contacto con la piel.

✪ Comer con atención plena

La estrategia del grano de uva (ver p. 77) te hizo pensar en lo que es comer con atención plena, pero ahora queremos que des un paso más, pues comer es una de las cosas que normalmente hacemos con el piloto automático. Para evitarlo, prueba a realizar una comida entera al día con atención plena. Para empezar con esto, es mejor que lo hagas a solas (para que no parezcas grosero o gracioso a tus compañeros de mesa). Cuando ya hayas practicado y te resulte más fluido hacerlo, podrás aplicar la atención plena estando con otras personas —podrás saborear de verdad cada bocado— sin necesidad de concentrarte tanto.

Mientras comes, pregúntate:

- ¿Qué aspecto tiene?
- ¿Cómo huele?
- ¿Cómo reacciona mi cuerpo antes de comer? ¿Me ruge el estómago? ¿Se me llena la boca de saliva?
- ¿Qué sensación noto en el interior de la boca?
- ¿Cómo cambia el sabor cuando mastico?
- ¿Qué oigo? ¿Cruje? ¿Estalla?
- ¿Que sensación me produce tragar?
- ¿Cómo reacciona mi cuerpo al siguiente bocado? ¿Si no noto nada, por qué sigo comiendo?

Atención plena de un minuto: Toma dos bocados con atención plena cuando empieces cada comida o aperitivo.

✪ Escuchar música con atención plena

Hay música que está compuesta para ser música de fondo (como la suave música de ambiente que se oye en los restaurantes), pero muchas veces no prestamos atención a lo que oímos a través de los auriculares o de los altavoces porque estamos demasiado ocupados en escuchar nuestra mente.

La próxima vez que escuches música, asegúrate de hacerlo de verdad:

- ¿Qué instrumentos suenan o qué efectos hay en la pieza?

◆ ¿Notas cambios de altura de los sonidos?
◆ ¿Hay algún efecto en la voz del cantante?
◆ ¿Qué dice la letra?

Atención plena de un minuto: Escucha con atención plena el principio de cada canción.

✪ Escuchar a las personas con atención plena

La estrategia de atención más sencilla, pero posiblemente la más importante, consiste en empezar a escuchar de verdad a la persona que te está hablando. Si te dejas atrapar por tu mente, muchas veces te pierdes lo que está diciendo, o simplemente estás esperando que llegue tu turno para hablar. Deja de hacerlo: esto resulta grosero y frustrante para la persona que está contigo y, además, hará que luego no recuerdes algunos detalles de la conversación. Te estarás comportando como si lo que ocurre en tu cabeza fuera más importante que lo que te está diciendo. Si siempre olvidas lo que los demás te dicen («¿Ah, te vas de vacaciones mañana?», «¿Cuándo solicitaste ese trabajo?»), es que no estás escuchando. ¡Empieza a prestar atención y te sorprenderá lo mucho que aprendes y lo interesantes que te parecerán los demás de repente!

Atención plena de un minuto: Haz una pregunta importante durante cada conversación que mantengas mañana.

✪ Hola, mundo

Esta es una estrategia informal que puedes realizar en todo momento, en cualquier lugar, para ser más consciente del mundo que te rodea. La próxima vez que vayas caminando de un punto a otro, en lugar de mirar el teléfono o el reloj, atiende a tu alrededor con todos tus sentidos:

◆ ¿Qué sonidos oyes? ¿Coches, pájaros, personas que hablan o ríen, cláxones o el zumbido de algún avión?
◆ ¿Qué ves? ¿Los edificios son viejos, nuevos, bonitos, feos? ¿Hay

algún grafiti? ¿Cómo viste la gente? ¿De qué tono verde son las hojas de los árboles?

◆ ¿Qué notas? ¿El aire es frío o cálido? ¿Está lloviendo?
◆ ¿Qué hueles? ¿Hierba? ¿Comida? ¿Basura?

Atención plena de un minuto: Nota, durante un minuto, la sensación que te produce el aire en la piel mientras caminas.

Otras actividades de atención plena que puedes probar

Aquí tienes una lista de cosas sencillas que normalmente hacemos con el piloto automático y que puedes intentar hacer de forma más consciente para practicar vivir el momento. Lo único que necesitas es concentrarte en los estímulos sensoriales de cada aspecto: visión, sonido, sabor, olor, tacto.

◆ Preparar y tomarte una taza de té
◆ Lavar los platos
◆ Peinarte
◆ Hacer ejercicio
◆ Cepillarte los dientes

Un consejo útil: programa un aviso digital para que se dispare a cierta hora cada día y te recuerde que debes estar más atento. Así, sea lo que sea lo que estés haciendo en ese instante, podrás continuar haciéndolo de forma más consciente. Por ejemplo, si estás escribiendo un e-mail, te concentrarás de verdad en él; o si estás hablando con un amigo, te concentrarás en lo que te está diciendo. No dejes que tu mente divague.

✪ Tu estrategia diaria anti piloto automático

Escoge una de las estrategias de este capítulo y procura practicarla cada día durante una semana. O cambia la estrategia cada día. Por ejemplo, cepíllate los dientes con atención plena el lunes y escucha música con atención plena mientras vas al trabajo en transporte público el jueves.

Emplea la siguiente tabla para registrar cómo evolucionas:

Día	Actividad de atención plena	Comentarios
Lunes	Hola, mundo: Mientras caminaba hasta el trabajo, me concentré en todo lo que me rodeaba en lugar de mirar el teléfono.	Me sorprendió lo deprisa que terminé la caminata, comparado con cuando voy mirando el e-mail.
Martes	Me duché con atención plena por la mañana.	Me di cuenta de que mi jefa está siempre conmigo en la ducha, lo cual resultó bastante desconcertante. Me sentí mejor cuando la eché.
Miércoles	Escuché mi disco favorito.	Me di cuenta de que algunas letras son verdaderamente bonitas. Eso hizo que el disco me gustara aún más.

Repaso: ¿Intentaste saltarte las tareas de atención plena que te habías propuesto hacer? ¿Cuando las hiciste, tuviste un sentimiento de logro? ¿Cambió la forma en que experimentaste las cosas durante esos días?

Rellenar esta tabla debería hacerte ver la diferencia que hay cuando desactivas el piloto automático. Las tareas simples de cada día se vuelven más significativas y dejas de hacer las cosas mecánicamente.

Los «imperdibles» del capítulo

✓ Romper los patrones de tu piloto automático te permitirá recuperar el tiempo que pierdes cada día.

✓ Si siempre vives desde la cabeza, lo que estás haciendo, dónde estás o lo que consigues hacer no importan: nunca estás presente.

✓ Si un grano de uva resulta tan sabroso cuando te concentras en él, imagínate cómo te sentirás en los momentos importantes si los vives con atención plena.

Capítulo 6

Está escrito en tu cuerpo

Es fácil hacer caso omiso del cuerpo aunque te esté comunicando que está agotado, exhausto o estresado. Si aprendes a reconectar contigo a nivel físico, tendrás más capacidad de elegir cómo dar respuesta a los sucesos, pensamientos o emociones.

La conexión cuerpo-mente

*P*iensa en una fantasía sexual. Sí, de verdad, hazlo: esperaremos. Ahora, concéntrate en tu cuerpo. ¿Se han dilatado tus pupilas, se ha acelerado tu corazón, sientes un cosquilleo? Es como cuando salivas al pensar que vas a comer algo realmente delicioso. Tu mente y tu cuerpo están diseñados para funcionar en equipo.

Tu cuerpo es agudamente sensible a la menor vibración emocional y a los pensamientos que galopan por tu mente: los labios dibujan una sonrisa cuando te diviertes y los puños se te cierran cuando te asalta la furia. Estas señales no verbales nos permiten interpretar a las personas, saber si están felices, tristes, enojadas, frustradas o nerviosas. Las señales son instintivas, involuntarias y universales: todo el mundo muestra sus emociones a través de su cuerpo (a no ser que sean expertos en engañar).

Esta conexión cuerpo-mente es bidireccional. Por ejemplo, la felicidad te hace sonreír igual que sonreír puede provocar felicidad. En 1988, el profesor de psicología Fritz Strack hizo un experimento. Los investigadores explicaron a los participantes que estaban probando unas adaptaciones para personas que habían perdido movilidad en las manos. Se les pidió que respondieran un test, pero la mitad debía sujetar el lápiz con los dientes (lo cual activa los músculos para sonreír) y la otra mitad sujetándolo solo con los labios (lo que no activa esos músculos). Los que estaban «sonriendo» (sin saberlo) valoraron con puntuación más alta las viñetas cómicas del test que los que sujetaban el lápiz con los labios. Esto demuestra que sonreír es una de las formas más sencillas y efectivas de utilizar el cuerpo para influir en el estado de ánimo, al igual que lo es cambiar la postura corporal. Según un estudio publicado en el *European Journal of Social Psychology*, las personas que se sentaban con la espalda recta en lugar de encorvada también mostraron una mayor confianza en las cosas que escribían. Los participantes afirmaron que mantenerse erguido con los hombros echados hacia atrás y la cabeza levantada aumentaba su sensación de confianza social. Tiene sentido: cuando encorvamos la espalda y cruzamos los brazos no somos precisamente la alegría de la fiesta. El cuerpo y la mente tienen los canales de comunicación abiertos.

Lo que tu cuerpo intenta decirte

Nuestro cuerpo soporta mucho. El ritmo frenético de la vida hace que tendamos a ignorarlo o a maltratarlo, por ejemplo, tomando cafeína para despertar y, más tarde, inyectándole comida basura para tener una subida de energía, alcohol para sosegarnos y poder dormir, ingiriendo drogas y haciendo caso omiso de los dolores o no durmiendo lo suficiente. Quizá no te guste mucho tu cuerpo, quizá te haya decepcionado al no tener el aspecto que tú quieres o no comportarse como deseas. O quizá tu cuerpo haga lo necesario para que puedas pasar el día y eso es lo único que te importa. Si lo tratas como el vehículo que te lleva de un punto a otro, es posible que acabes desconectado de cómo te sientes e ignores las señales de alarma que te envía hasta sentirte exhausto o caer enfermo.

A menudo, las repuestas físicas son lo más evidente, así que préstale atención a tu cuerpo. Ese constante cosquilleo en el estómago no es solo molesto, te está indicando que sientes ansiedad: ¿por qué? Haz que tu cuerpo sea una vía para tomar conciencia e identificar tus estados de ánimo y tus pensamientos, y así ser capaz de impedir que los patrones negativos se impongan.

El efecto placebo

Es otro ejemplo del vínculo que existe entre mente y cuerpo. Se ha demostrado que con una medicina ficticia (placebo), las personas experimentan mejorías físicas (y no solo fisiológicas). En 1996, unos científicos anunciaron a unos estudiantes que iban a probar un nuevo analgésico llamado Trivaricaine. No solo tenía un nombre que sonaba muy científico, sino que también desprendía el agrio olor a desinfectacte típico de las medicinas. En realidad, no era más que una mezcla de agua, yodo y aceite de tomillo, ninguno de ellos útil como analgésico. Cubrieron el dedo índice de unos cuantos estudiantes con la tintura, mientras que los demas lo mantuvieron sin untar. Luego les apretaron el dedo con un torno de banco. Los estudiantes que tenían el dedo untado afirmaron sentir menos dolor.

⋯⋰ Los estudiantes no eran tontos, ni fingían. Verdaderamente experimentaron menos dolor. Su mente había recibido la información de que sentirían menos dolor, así que informaron a su cuerpo de ello. Los escaneos cerebrales han demostrado que la expectativa de calmar un dolor activa el sistema de alivio del dolor de nuestro cerebro, lo cual «adormece» la incomodidad. La mente le cuenta al cuerpo lo que pasa y este responde de acuerdo a ello.

✪ Parecer y, por tanto, sentirse más confiado

Esta estrategia consta de dos partes:

1. Durante un día, toma conciencia de la postura de tu cuerpo. Siéntate erguido, mantente recto cuando estés de pie y toma la decisión consciente de mantener alta la barbilla. Presta atención también a los gestos defensivos, como cruzar los brazos o cubrirte la boca con la mano. Si te pillas haciendo alguna de estas cosas, no te castigues; simplemente, deja caer los hombros, levanta la barbilla, baja los brazos y pon derecha la espalda.
2. ¡Sonríe más! Cada vez que te acuerdes, sonríe: aunque estés sentado ante tu escritorio, o estés caminando o comiendo. No exageres la sonrisa, limítate a esbozar una media sonrisa y hazlo aunque sea lo último que te apetezca hacer.

Repaso:

A. ¿Como te hizo sentir a nivel emocional el hecho de sentarte con la espalda recta y de mantenerte más erguido al estar de pie? ¿El hecho de prestar una mayor conciencia a tu cuerpo te hizo ser más consciente de las muchas veces que te encorvas o tomas una postura defensiva? ¿Tu productividad mejoró por el hecho de estar más alerta? ¿Te pareció que los demás respondían de una forma distinta ante ti?

B. ¿Cómo te hizo sentir el hecho de sonreír más? ¿Qué pensabas? ¿Los demás también te sonreían? Es posible sonreír de forma involuntaria, como cuando alguien te dice «¡Sonríe!» para hacerte una foto y lo haces aunque no te apetezca.

Mapas de la emoción

Un grupo de científicos de Finlandia estudió a setecientas personas para investigar qué partes del cuerpo se veían afectadas por distintas emociones. Los resultados de la investigación, publicados en *Proceedings of the National Academy of Sciences* demostraron que distintos estados emocionales estaban conectados con sensaciones físicas culturalmente universales. Descubrieron que todas las emociones afectan al rostro, es decir, que tu rostro reacciona a todos los estados del espectro emocional. Las emociones más básicas (felicidad, tristeza, rabia o vergüenza) se sentían con fuerza en la parte superior del pecho, y se correspondían con cambios en la respiración y en el ritmo cardíaco. Hasta aquí, nada nuevo. Pero las cosas se pusieron más interesantes. Descubrieron que tanto la rabia como la felicidad producían sensaciones en los brazos, mientras que una disminución de la sensibilidad en las piernas era un síntoma de tristeza. Las sensaciones en el sistema digestivo y en la garganta fueron experimentadas por quienes sintieron disgusto. Y, a diferencia de todas las demás emociones, la felicidad se asociaba a un aumento de la capacidad de sentir en todas las partes del cuerpo. Así que, básicamente, cuando te sientes feliz, tu cuerpo vibra de vitalidad.

✪ Sintonizar tu cuerpo

Date un momento para pensar en lo que te sucede físicamente cuando sientes las emociones que encontrarás a continuación (hemos incluido algunos ejemplos que pueden resultar de ayuda):

- ◆ **Felicidad** (el cuerpo se siente más ligero, te sientes más alto, levantas la barbilla, los miembros están relajados, sonríes)
- ◆ **Enojo** (los puños se cierran, aprietas las mandíbulas, frunces el ceño, haces una mueca, te encorvas, te sientes tenso y acalorado)
- ◆ **Tristeza** (encorvas la espalda, bajas las comisuras de los labios, te muerdes los labios, sientes los miembros flojos, te notas muy pesado)
- ◆ **Ansiedad** (te sudan las manos, abres mucho los ojos, se te acelera el corazón, respiras deprisa, te pones pálido)

Repaso: ¿Al pensar en esas emociones, adoptaste las posturas que estas inspiran? Por ejemplo, ¿apretaste las mandíbulas o achicaste los ojos como cuando estás enojado o triste? Si lo hiciste, ¿notaste rabia o tristeza al estar en esa posición? La próxima vez que experimentes una emoción, comprueba cómo está tu cuerpo para que tomes conciencia de cuál es tu respuesta física personal.

La mayor parte del tiempo no eres consciente de que tienes escritas las emociones en todo el cuerpo, puesto que estás atrapado en tu estado de ánimo, u ocupado pensando en el suceso que ha provocado esa sensación. De todas maneras, es de una importancia crucial tomar conciencia de ello, puesto que tu cuerpo afecta directamente a tu comportamiento. Por ejemplo, si estás nervioso porque debes ofrecer un pequeño discurso en una boda, el hecho de que tu corazón se acelere, de que te suden las manos y de que notes los latidos del corazón en los oídos puede hacer que salgas huyendo. Pero si hubieras detectado las primeras señales que el cuerpo te mandaba, habrías evitado esa reacción.

Reconocer cómo respondes tú, personalmente, a ciertas emociones te hará más consciente de los pensamientos y de las pautas de comportamiento que tienes. La tensión en las piernas, la pesadez en el pecho y el bloqueo del estómago son formas que el cuerpo tiene de gritarte: «¡ALARMA! ¡Algo malo podría suceder si no te detienes y prestas atención!».

✪ Caminar con atención plena

◆ En cuanto termines de leer esta estrategia, pon la alarma para que suene al cabo de tres minutos y empieza a caminar dando vueltas, estés donde estés. (Si no es adecuado: por ejemplo, si estás en un autobús atestado de gente, espera a salir, pero hazlo tan pronto llegues a algún lugar donde dispongas de suficiente espacio.)

◆ Camina por el simple hecho de caminar, sin querer ir a ninguna parte. Si debes trabajar, tómate tres minutos para caminar un poco alrededor de la manzana. No empieces a caminar en la oficina.

El objetivo de esta práctica es salir del piloto automático mientras caminamos. Presta atención a lo que hace tu cuerpo. ¿Cómo sientes los músculos? ¿Te duelen? ¿Te sientes bien? ¿Tus zapatos son cómodos? Concéntrate en el movimiento de caminar, momento a momento, estando atento a las sensaciones que acompañan cada paso. Procura no analizarlas; es decir, no empieces a preguntarte por qué te duelen los zapatos y si deberías comprarte unos nuevos y dónde hacerlo. Simplemente, toma nota de la sensación física y continúa.

Repaso: ¿Disfrutaste caminando? ¿Te pareció extraño centrarte tan intensamente en algo que siempre haces con el piloto automático? ¿Te sentó bien caminar sin ir a ninguna parte en especial?

Todos hemos oído decir que caminar tranquiliza, aunque no sirve de nada andar precipitadamente mientras piensas en tu ansiedad. Pero dar un paseo con atención plena te calmará de verdad, tanto mental como físicamente. Siempre tienes tu cuerpo a mano para anclarte en el aquí y ahora, y por ello el cuerpo es una herramienta tan importante en la atención plena. Tomar contacto con él poco a poco (como concentrarte en caminar o respirar) te ayudará a vivir más atento cada día.

Ejemplo: aplicar la teoría

Mark detestaba su trabajo y a menudo aporreaba el teclado del ordenador como si quisiera destrozarlo. Sabía que se estaba ganando reputación de mal carácter: la gente afirmaba, riéndose, que no se acercaban a él si veían que tenía la vena de la frente hinchada.

Un día, la sensación de estar atado fue tan fuerte que tiró la taza de café contra el escritorio y la hizo pedazos. Se cortó la mano con un trozo de porcelana y se quemó la muñeca con el café caliente. Soltando un juramento en voz alta, fue corriendo al baño.

····⦂ Un compañero lo siguió y le aconsejó que, después de curarse las heridas, fuera a dar un paseo para tranquilizarse.

Mark dio la vuelta a la manzana sintiéndose furioso, agitado y avergonzado. Respiró profundamente varias veces y recordó lo que su amigo le había explicado sobre la atención plena. Probó a concentrarse en el acto físico de caminar, fijándose en el movimiento de las piernas y en la sensación corporal en lugar de en la ansiedad. Prestó atención a la opresión que sentía en el pecho y notó que esa tensión se aligeraba un poco. Cada vez que aparecían los pensamientos de enojo, volvía a dirigir la atención de forma voluntaria a su cuerpo.

Al cabo de cinco minutos, se sintió tranquilo y dispuesto a regresar a la oficina. Al entrar se disculpó por su comportamiento y notó el alivió en el rostro de sus colegas al ver su relajado lenguaje corporal.

Al principio, el mapa mental de Mark era el siguiente:

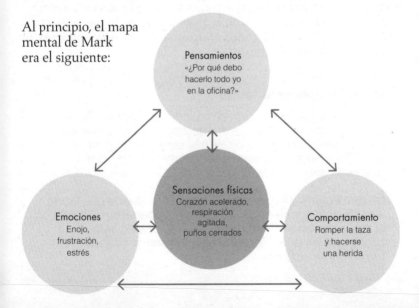

Pensamientos
«¿Por qué debo hacerlo todo yo en la oficina?»

Sensaciones físicas
Corazón acelerado, respiración agitada, puños cerrados

Emociones
Enojo, frustración, estrés

Comportamiento
Romper la taza y hacerse una herida

Es de esperar que la próxima vez que Mark note esos síntomas físicos (corazón acelerado, presión en el pecho, puños cerrados), reconocerá que está a punto de explotar y saldrá a dar un paseo antes de hacerlo. De esta forma conseguirá romper el viejo círculo vicioso y creará un comportamiento nuevo y más positivo.

Recuerda: las cosas sencillas producen grandes cambios.

Una perspectiva distinta

Ser consciente de las sensaciones de tu cuerpo te proporcionará una información que, de otra forma, te perderías y te ofrecerá una nueva perspectiva desde la cual comtemplar tus pensamientos y tus emociones. Al darte cuenta de lo que te sucede físicamente, te estarás dando la oportunidad de decidir cómo actuar. ¿Deseas continuar enfadado? Si es así, está bien: ¡por lo menos lo estarás haciendo por elección! Y si no es así, fantástico: baja los hombros, deja de apretar los puños y sal a caminar con atención plena, o practica la meditación sobre el cuerpo que te proponemos a continuación. Calmar tu cuerpo tendrá un efecto drástico en tu estado de ánimo, tu comportamiento y tus pensamientos.

✪ Escaneo del cuerpo

Esta es una estrategia bastante larga, pero no permitas que eso te desanime porque se trata de una práctica muy importante y altamente efectiva. En ella, dirigirás la atención hacia distintas partes de tu cuerpo y te anclarás en el momento presente. Reconocerás cómo se siente tu cuerpo y lo aceptarás. No te preocupes por cambiar o «arreglar» las sensaciones: se trata de una estrategia de toma de conciencia.

1. Ve a algún lugar donde sepas que no serás interrumpido durante, aproximadamente, 20 minutos, y no tengas cerca ninguna distracción. Es mejor realizar esta práctica tumbado, pero si prefieres hacerlo sentado, relee el capítulo 3 (ver p. 47)
2. Date unos momentos para entrar en contacto con el movimiento que provoca la respiración en tu cuerpo. Cuando estés listo, empieza a dirigir la atención hacia las sensaciones físicas que te produce el contacto de tu cuerpo sobre la

colchoneta, la cama o la silla. A cada espiración, relaja o «suelta», permitiendo que tu cuerpo se hunda un poco más. (Si lo prefieres, puedes hacerlo con los ojos cerrados.)

3. Lleva la atención a las sensaciones físicas de la parte inferior de tu estómago, a cómo tu abdomen sube y baja al inspirar y espirar. Tómate tiempo, no te precipites.

4. Dirige el foco de tu atención a la pierna izquierda y a los dedos del pie. Presta atención a cada uno de los dedos por separado y siente el contacto entre ellos. Nota si tienes una sensación de calidez, una sensación cosquilleante o si no notas nada.

5. Al inspirar, imagina que el aire penetra en los pulmones y pasa por el abdomen, la pierna izquierda, el pie izquierdo y que sale a través de los dedos del pie. Luego, durante la espiración, siente que el aire recorre el camino inverso: desde los dedos del pie, por la pierna, por el abdomen, el pecho y sale por la nariz. Hazlo durante unos minutos, y no te preocupes por si te «sale bien». Si te parece difícil, simplemente dirige la atención hacia la inspiración y a llevar el aire hasta los dedos del pie.

6. Dirige la atención a la planta del pie izquierdo. Concéntrate en el puente, el talón y en si sientes cosquilleo. Siente el contacto del pie en el suelo o en la superficie donde esté apoyado. Mantén la atención sobre la respiración como una atención de fondo, mientras diriges otra parte de la atención hacia el pie.

7. Amplía la atención hasta que abarque el resto del pie: el tobillo y la parte superior, incluidos los huesos y las articulaciones. Haz una inspiración ligeramente más profunda y dirige el aire hasta todo el pie izquierdo. Al espirar, «suelta» el aire desde el pie y dirige la atención a la parte baja de la pierna izquierda: la pantorrilla, la espinilla, la rodilla y el resto de la pierna.

8. Continúa dirigiendo esa atención curiosa al resto del cuerpo, a una parte cada vez: la parte superior de la pierna izquierda, los dedos del pie derecho, el pie derecho, la pierna derecha, la zona pélvica, la espalda, el abdomen, el pecho, los dedos de las manos, los brazos, los hombros, el cuello, la cabeza y la cara. Cada vez que abandones una zona, haz entrar el aire en esa zona al inspirar y suéltalo por la misma zona al espirar.

9. Cuando notes tensión en alguna parte del cuerpo, «respira» a

través de esa parte: dirige toda tu atención a la sensación que eso te produce. Luego «suelta» la tensión al espirar.

10. Si notas que la mente divaga, toma nota de hacia dónde lo ha hecho y vuelve a dirigir la atención con amabilidad a la parte del cuerpo en que estés trabajando.

11. Cuando hayas terminado este «escaneo» de todo el cuerpo, dedica unos cinco minutos a percibir el cuerpo en su conjuto y deja que la respiración se produzca libremente.

12. Si notas que te duermes, abre los ojos y siéntate en una silla. ¡Si ya estás en la silla, mantén los ojos abiertos hasta el final!

Repaso: ¿Qué has notado? ¿Qué sensaciones físicas has tenido? ¿Has percibido alguna tensión? ¿Tu mente ha divagado? Si ha sido así, ¿adónde ha ido? ¿Conseguiste volver a dirigir la atención al ejercicio? ¿Te has juzgado o te has puesto alguna regla?

Cuando se realiza este escaneo por primera vez es muy común tener pensamientos negativos o emitir juicios. Quizá hayas sentido extrañeza, incomodidad o te pareció que hacer esto es ridículo. Algunas personas se aburren e incluso se quedan dormidas. A otras les cuesta percibir las sensaciones en algunas partes del cuerpo y creen que eso está mal: no es así. Es natural. Todos somos distintos y cada uno responde de manera diferene. Es posible que tu mente haya añadido algunas reglas por su cuenta: «No te muevas ni un poco, no pienses en nada más». Cuando tu atención se dirija a los pensamientos, emplea la respiración para centrarte en el cuerpo. Intenta mirar tus pensamientos con la curiosidad de un observador desapegado y vuelve a dirigir la atención al momento presente.

Este escaneo te permite tomar conciencia de en qué partes del cuerpo la mente está tensionando y, a su vez, saber de qué manera el cuerpo crea tensión en la mente. A medida que medites, empezarás a darte cuenta de que solo por prestar atención puedes hacer desaparecer tensiones. Tu cuerpo intenta indicarte que algo va mal, y cuando haya obtenido tu atención se calmará de nuevo.

Consejo: Intenta nombrar tus pensamientos en cuanto aparezcan: son pensamientos de aburrimiento/preocupación/planificación/enojo/vergüenza. Al reconocerlos, les quitas poder.

Ejemplo: el sistema de avisos de Helen

Helen notó que, al hacerse más consciente de su cuerpo, también se hacía más consciente de sus emociones durante el día a día. Al considerar el cuerpo como un sistema de avisos, empezó a reconocer en qué momento empezaba a aparecer la ansiedad. Habitualmente empezaba como un cosquilleo nervioso en el estómago, acompañado de tensión en las piernas y los brazos y el corazón acelerado.

Dirigir la atención hacia esas sensaciones le permitía tener la posibilidad de hacer algo al respecto. Entonces salía de la sala y daba un paseo, o se refrescaba la cara con agua y prestaba atención a los pensamientos para resolver lo que la hacía sentir de esa manera. A veces no pillaba a tiempo esa ansiedad y el mecanismo de lucha o huida se le disparaba, pero cada vez iba pillándole más el truco y la gente comentaba lo tranquila que estaba.

El mapa mental de Helen era el siguiente:

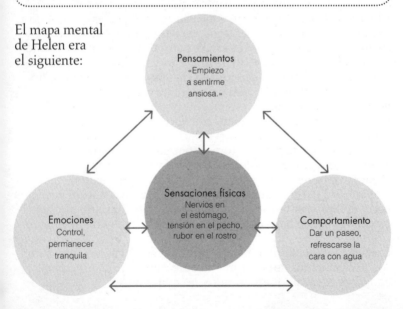

Al volver a conectar con algunas partes de tu cuerpo —partes que has ignorado durante un tiempo— podrás relacionarte de manera distinta con tus pensamientos, tus emociones y tus impulsos. Así tendrás la libertad de elegir qué acción debes realizar, si es que debes realizar alguna.

Los «imperdibles» del capítulo

✓ Emplea tu cuerpo como un sistema de avisos de tus emociones que te indique tus estados de ánimo para que puedas decidir qué sucede a continuación.

✓ Si sientes estrés o ansiedad, atiende al cuerpo (dando un paseo con atención plena). Te dará un respiro de los pensamientos y emociones que te desbordan.

✓ Practica el escaneo del cuerpo para resintonizar y reconectar con tu cuerpo.

Capítulo

7

El camino de mayor resistencia

Este capítulo te introducirá en tus modos de hacer y de ser, y te enseñará a evitar los patrones de pensamiento negativos o destructivos que producen estrés, ansiedad y un bajo estado de ánimo.

Hacer *versus* ser

*E*speramos que a estas alturas ya estarás de acuerdo con que el pensamiento no es lo único que existe en la experiencia consciente. No es necesario analizar, categorizar, arreglar o resolver cada pequeña cosa. También es posible experimentar las cosas a través de los sentidos, sin cubrir con una nube de pensamientos y palabras lo que está ocurriendo. Es necesario ponerse en el «modo ser» en lugar de mantenerse siempre en el «modo hacer» que a menudo nos conduce por caminos negativos o destructivos.

El modo hacer

En el modo hacer empleas el pensamiento crítico para solucionar problemas, comparando dónde estás con dónde quieres estar para salvar esa distancia. Ese modo es necesario, así es como te manejas con las tareas prácticas como, por ejemplo, montar un mueble. Es una forma de descomponer el problema en partes y valorar distintas soluciones para conseguir un objetivo que te permita volver a analizar los pasos a medida que avanzas para asegurarte de que todo funciona. Para ello es necesario tener en cuenta el pasado, encontrando recuerdos que ofrezcan soluciones prácticas, y también el futuro, buscando los mejores resultados posibles.

Por ejemplo, si planeas verte con una amiga, el modo hacer se activará solo: «La última vez fui a ver a Kate en tren (pasado), pero esta vez iremos en coche, así que miraré un mapa (planificación). Cuando lleguemos habrá un partido de fútbol (futuro), así que evitaré pasar cerca del campo de juego (planificación)».

El modo hacer es automático, y se activa cada vez que necesitas planificar algo o resolver un problema. Se orienta a la consecución de un objetivo: «Necesito esto: ¿cómo lo consigo?». Sin duda, se habrá interrumpido varias veces durante la meditación diciéndote: «Debes hacer esto y aquello y lo de más allá: ¿cómo es posible que estés mirando las musarañas?».

Es un modo fantástico para hacer las cosas, cualquier cosa: desde ir a ver a tu abuela o diseñar un nuevo juego de ordenador hasta viajar a la luna o construir un rascacielos son acciones que se realizan con este modo de la mente.

Cuando el modo hacer se queda corto...

Mientras que el modo hacer es fantástico para tachar tareas de la agenda, se vuelve problemático cuando debes manejar emociones. Simplemente, no comprende que una emoción no es lo mismo que un problema práctico, e intentará encontrar vías analíticas para «arreglar» lo que sientes, cosa que es imposible. Las emociones son reacciones instintivas a los sucesos y no siempre pueden borrarse o «curarse». Son señales internas (que se dirigen a ti) de que algo está ocurriendo, y son la manera que tenemos de navegar a través de las experiencias. A pesar de ello, el modo hacer no se da cuenta de eso y trata un estado de ánimo como algo práctico, constatando dónde te encuentras, dónde quieres estar y evaluando la diferencia: «Soy infeliz pero quiero ser feliz. ¿Cómo lo consigo?».

Cuando se encuentra con lo que considera un problema, el modo hacer intentará resolverlo. Si seguimos con el ejemplo de «Soy infeliz», el modo hacer repasará todas las posibles razones por las que te sientes infeliz y te formulará preguntas que, en realidad, te harán sentir peor: «¿En qué me equivoqué? ¿Por qué siempre cometo errores? ¿Por qué esto no ha funcionado? ¿Qué cosas/personas me han hecho sentir así? ¿Qué sucederá ahora?». Tu mente estará buscando razones y pruebas que respalden cómo te sientes y que permitan encontrar solución sin darse cuenta de que las preguntas que hace son destructivas. Esos pensamientos de enojo, de frustración y de culpa afectan a tu cuerpo, tus emociones y tu comportamiento, y se retroalimentan de tal forma que acaban por hacerte sentir desbordado.

A ningún animal (ni humano ni de otra clase) le gusta sentirse así. Todos procuramos evitar las emociones negativas de forma instintiva. Eso significa que, muy a menudo, nos apoyamos en el modo hacer para salir de un estado de tristeza, ansiedad, enojo o estrés. Pero desde el modo hacer no podemos eliminar ni «arreglar» los sentimientos que no nos gustan, por mucho que lo intentemos.

Ejemplo: ¿Qué pasa conmigo?

Nancy llega a casa después de un día razonablemente bueno en el trabajo, se quita los zapatos, se tumba en el sofá y mira el techo. Se siente poco inspirada, gruñona y perezosa. «¿Por qué me siento así? —se pregunta—. ¿Qué pasa conmigo? ¿Por qué no me siento feliz? Ojalá me sintiera mejor.»

Al hacerse estas preguntas, se activa el modo hacer: analizar la diferencia entre sentir y estar. «Debería sentirme más contenta —se reprende—. Es como cuando conseguí el ascenso y me daba igual. No merezco tener un trabajo tan bueno. Mucha gente lucharía por él, y yo no lo valoro. ¡No es justo que me sienta así! Debo sentirme de otra forma.»

Entonces, se le acelera el corazón, se le tensan los hombros y empieza a sentir dolor de estómago.

El mapa mental de Nancy es el siguiente:

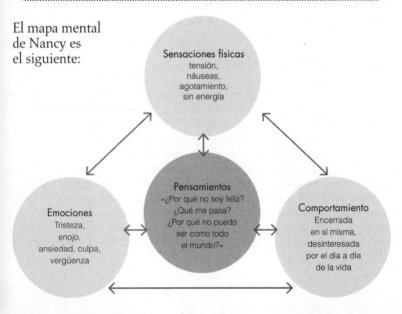

Al dirigir la atención hacia esta diferencia (entre lo que sientes
y lo que deseerías, o crees que «deberías», sentir), te atrapas en
un círculo vicioso de autorrecriminación:

Podría hacer X.
Eso me haría
sentir mejor

¿Por qué no soy
feliz?

Lo he hecho: ¿por qué todavía no
me siento feliz? / No puedo creer
que no lo haya conseguido

Esto es como X, Y y Z que ya
me sucedió en el pasado

Algo debe de fallar
en mí

El modo hacer consiste en lograr objetivos, pero cuando estás
constantemente esforzándote por conseguir objetivos (y cuando
continúas desplazándolos) acabas siendo despiadado contigo
mismo. Si siempre estás mirando la diferencia entre dónde estás
y dónde querrías estar, siempre estarás dirigiendo la atención
en los aspectos en que consideras que has fallado, lo cual añade
más presión y más juicios negativos.

Caminos de la mente muy trillados

La preocupación y el dar vueltas a las cosas son producto del modo hacer. Aunque puedas pensar que darle vueltas a algo te ayuda a encontrar una solución al problema, no existe ninguna prueba que lo demuestre. Simplemente sirve para enredarte, para dar vueltas y vueltas sin encontrar una solución (no es pues sorprendente que las personas que más se preocupan sean las que tengan mayor tendencia a sufrir desórdenes de ansiedad o depresión).

Cuanto más trillado esté ese camino, más instintivamente te meterás en él. Incluso las cosas pequeñas pueden ponerte en ese modo. Por ejemplo, si sientes un poco de sueño a las cuatro de la tarde, en lugar de decirte «Voy a espabilarme un poco» te dirás «¿Por qué siempre me pasa esto a mí? ¿Por qué no puedo estar motivado? ¿Qué pasa conmigo?». Y sin saberlo, llegarás a un estado que ya no se parecerá en absoluto al estado inicial, pues te habrás dejado arrastrar por un proceso de pensamientos y de preocupación. Es el piloto automático del mal humor. Cuando te atascas de esta manera, ves cosas negativas donde no las hay (interpretas los sucesos neutros como negativos, por ejemplo: «Está hablando mal de mí») y te sientes peor. Las personas tenemos maneras comunes de combatir estos sentimientos, como el alcohol, las drogas (medicamentos o drogas ilegales), tomar café o comer demasiado o demasiado poco. Todo ello no sirve más que para empeorar la situación. Cuanto más pienses, más te sientas y más te comportes de esa manera, más trillado estará el camino. Al final, te meterás en él sin darte ni cuenta.

Cuando te encuentras en medio de un círculo vicioso resulta casi imposible salir fuera y apreciar las cosas buenas, las cosas pequeñas que de verdad te harían feliz si te dieras cuenta de que están ahí: el hecho de que tu compañero te traiga una taza de té, un día bonito y soleado o recibir el elogio de un colega. Estarás tan atrapado en la lucha por conseguir el siguiente objetivo que habrás dejado de apreciar tu vida por lo que es o por lo que ya has logrado. Te dejarás arrastrar por tus pautas de pensamiento habituales, te comportarás de formas que sabes que son poco productivas, pero no podrás dejar de hacerlo.

Pero espera un momento, que tenemos buenas noticias: la atención plena te hará consciente de estos caminos trillados y de estos círculos negativos, y te ofrecerá caminos nuevos. ¿Cómo? Reconociendo que intentar «resolver» un estado de ánimo es inútil. Si reconoces tus emociones y dejas de intentar «arreglarlas» no te enredarás en ellas, sino que permitirás que ese estado de ánimo pase de forma natural («Me siento horriblemente mal, pero castigarme no me ayudará. Sé que pronto me sentiré mejor»). Las emociones son una consecuencia natural de lo que está sucediendo en tu vida. Si detienes el impulso de intentar resolverlas o de librarte de ellas, será mucho más fácil que pasen. En resumen, deberás entrar en el modo ser.

El modo ser: el antídoto al modo hacer

✪ «El modo hacer no es la única forma de conocimiento»

Dedica dos minutos a cada una de estas estrategias:

1. Piensa en tus pies y mira a ver dónde te lleva la mente. Pregúntate algunas cosas sobre ellos. Por ejemplo: «¿Qué pienso de mis pies? ¿Son como quiero que sean? ¿Cómo son, comparados con los de otras personas? ¿Para qué sirven? ¿Para qué no sirven?».

2. Ahora dirige tu atención a cómo sientes los pies. ¿Qué sensaciones notas? ¿Están fríos o calientes? ¿Qué sensación te produce el contacto con los calcetines o con el suelo? Estira y encoge los dedos. Manténlos tensos y dirige la atención a la sensación que eso te produce. Manténlos en tensión todo el rato que puedas. ¿Cómo los sientes ahora? Relájalos y nota la sensación que eso te produce.

Repaso: ¿Qué te ha parecido cada parte de esta estrategia? ¿De qué te diste cuenta mientras pensabas en tus pies? Por otro lado, ¿de qué te diste cuenta cuando percibiste cómo los sentías? ¿Cuáles son las mayores diferencias entre estas dos formas de conocimiento?

Cuando analizas una cosa —cuando estás en modo hacer— es más probable que hagas asociaciones que sean buenas, malas o neutras. Por ejemplo, el agua fría en los dedos de los pies en un día caluroso (bueno), una ampolla mientras corres una maratón (malo) o darte cuenta de que debes cortarte las uñas (neutro). La mente se moverá en todas direcciones y te arrastrará con ella —incluido el pasado o el futuro— y, por ejemplo, te recordará que necesitas unas chanclas nuevas para las vacaciones (futuro) porque las viejas se te rompieron la semana anterior (pasado). Por otro lado, el modo ser tiene que ver con las sensaciones, como el cosquilleo, el dolor o el picor que notas en el talón.

El modo ser hace que todo sea más lento, y permite que todo te parezca menos frenético. No necesitas que el lenguaje, el análisis o las categorías hagan de intermediarios entre tú y el mundo, ya que puedes experimentarlo directamente a través de tus sentidos. No necesitas pensar en los pies para saber cómo los sientes. No necesitas pensar en el chocolate para notar su sabor. No necesitas analizar una flor para apreciar su fragancia. Tu mente y tu cuerpo están unidos: tus sentidos son tan importantes como tus pensamientos.

En el modo hacer experimentas las cosas a través del pensamiento y la planificación. En el modo ser experimentas las cosas directamente cuando estas suceden. El modo ser te ofrece la oportunidad de detener una oleada de pensamientos y de explorar las cosas de forma experimental. No estarás etiquetando, categorizando ni analizando. No intentarás arreglar nada ni solucionar un problema. Simplemente, serás.

La atención plena consiste en ubicarse en el modo ser. Te permite permanecer sensible a tus necesidades más amplias, de tal forma que no ignores tu cuerpo. También serás consciente de lo que sucede a tu alrededor y podrás ofrecerte alternativas de actuación. Se trata de estar presente tanto en situaciones felices, neutras o angustiantes; se trata de aceptarlas tal como son. Eso te permitirá vivir con mayor felicidad los momentos felices y manejarte mejor en los momentos terribles. Si permaneces abierto y sueltas la necesidad de analizar y de «arreglarlo» todo, ganarás un nuevo punto de vista.

✪ El sonido de la atención plena

Esta estrategia requiere tres minutos. Por favor, pon la alarma y busca un lugar donde nada te moleste.

◆ Siéntate de la forma que te hemos explicado (ver p. 47). Mantén los ojos abiertos, dirigiendo la mirada a algo neutro, o manténlos cerrados.

◆ Ahora escucha los sonidos que hay a tu alrededor sin etiquetarlos. Nuestra educación nos empuja a emplear el lenguaje para definir nuestras experiencias, para analizar, categorizar y «resolver» cualquier cosa, pero el sentido de esta estrategia es, simplemente, poder escuchar los sonidos.
Tu mente intentará definir automáticamente: «Es el trino de mi pájaro», «Es el teléfono», «Es la alarma de un coche... un momento, ¿y si es mi coche?». Si lo hace, simplemente tráela de vuelta, sin enojarte y sin juzgarte.

Repaso: ¿Qué has percibido? ¿Tu mente ha divagado? Si es así, ¿adónde ha ido, al futuro o al pasado? ¿Conseguiste escuchar algún sonido sin etiquetarlo? ¿Te has juzgado durante la práctica? ¿De qué manera cambia este ejercicio a medida que lo practicas? ¿Qué diferencias hay entre la primera vez que lo practicaste y las últimas veces?

Es posible experimentar las cosas, la vida que hay a tu alrededor, sin categorizarlas ni solucionarlas. Cuando analizas algo, el modo hacer se activa e intenta encontrar conexiones prácticas: «Esto es un pájaro. Ya has oído a este pájaro en otras ocasiones», lo cual suscita emociones y recuerdos. Pero esta estrategia consiste en aprender a experimentar las cosas en el momento, sin etiquetas ni categorías que susciten alguna experiencia anterior.

Ejemplo: la compañera de piso de Jenny

Solo hacía tres meses, pero Jenny ya se lamentaba de la decisión que había tomado de irse a vivir con su vieja amiga de escuela Becky, que siempre estaba fuera y nunca la invitaba a ir con ella. Jenny se sentía sola y, a menudo, su mente divagaba hacia el pasado —«Esta es la tercera vez que sale esta semana. Ojalá no me hubiera venido a vivir con ella»— y hacia el futuro: «Esto va a ser cada vez peor».

Jenny estaba enojada, rabiosa y a la defensiva, y empezó a hablar con malos modos a Becky. Sabía que con ello no hacía más que empeorar las cosas, así que también empezó a culparse a sí misma. Cuando se sentía así, le parecía difícil hacer algo que no fuera regodearse en lo mal que le iban las cosas. Un día practicó la estrategia de escuchar con atención plena. Al principio se le hizo difícil no etiquetar cada sonido que oía (por ejemplo, el tic-tac del reloj o el del tráfico), y su mente no tardaba en irse hacia el tema de Becky, lo cual le producía un conocido sentimiento de angustia. Pero continuó practicando y, con el tiempo, se dio cuenta de que le era más fácil oír los sonidos sin nombrarlos y de que era más consciente de cuándo su mente divagaba y sobre qué temas lo hacía.

¿La estrategia hizo que las noches que pasó sola en casa fueran más agradables? No. ¿Consiguió que dejara de hacer juicios, saliera de su cabeza y no le siguiera hablando mal a Becky? ¡Sí! ¿Cortó el círculo vicioso de autorrecriminación? Bueno, empezaba a conseguirlo. Al salir de su cabeza y dejar de pensar en ocasiones pasadas y futuras en que se había sentido mal, dejó de añadir peso a su malestar. El simple hecho de ser consciente de ese círculo negativo le ofreció una nueva perspectiva. Así se sintió más tranquila y más tolerante consigo misma, con Becky y con la situación.

Modo hacer versus modo ser: los hechos

A continuación encontrarás un esquema que resume las diferencias entre los modos ser y hacer. Es importante recordar que, a veces, es necesario adoptar el modo hacer, aunque solo para asuntos prácticos. Para todo lo demás, es mejor elegir el modo ser.

Modo hacer	Modo ser
Piloto automático	Toma de conciencia y poder de elección
Pensar/analizar	Experimentar directamente
Ir al pasado/preocuparse por el futuro	Estar en el presente
Evitar/escapar/librarse de sensaciones desagradables	Actitud de no enjuiciar las sensaciones
Necesitar y desear que las cosas sean distintas	Permitir que las cosas sean como son
Tomar los pensamientos por reales y verdaderos	Tomar los pensamientos como sucesos mentales
Priorizar los objetivos	Sensibilidad a necesidades más amplias

✪ ¿En qué modo te encuentras?

Programa un aviso a la misma hora o a distinta hora cada día (en tu móvil o en tu agenda) para comprobar en qué modo te encuentras.

◆ ¿Estás en modo hacer o en modo ser?
◆ ¿Estás pensando en algo o estás experimentando lo que sucede en este momento?
◆ ¿Estás en el mejor modo para lo que estás haciendo?

Queremos que aprendas a pasar de un modo a otro. Por ejemplo, si estás decidiendo dónde irás a cenar, deberías estar en modo hacer; pero al llegar al restaurante, deberías cambiar a modo ser. El modo hacer te permite elegir el mejor restaurante y llegar allí, mientras que el modo ser te permite disfrutar de la velada. Si permanecieras en el modo hacer durante toda la cena, te preguntarías qué tal está yendo, si todo el mundo se lo está pasando bien y qué deberías hacer para que fuera más agradable en lugar de saborear la comida y disfrutar de la compañía.

Aprender a aceptar las emociones difíciles

Estamos de acuerdo en que a todo el mundo le suceden cosas desagradables, no hay forma de evitarlo. El hecho de que sea inevitable significa que las emociones desagradables también son inevitables. Tampoco puedes evitar tenerlas, pero sí puedes elegir qué sucede después: o bien continúas en modo hacer, te quedas atrapado en un pantano de pensamientos negativos, o cambias a modo ser y reconoces lo que sucede, das un paso fuera de tu cabeza parloteante, reflexionas y observas. Ser consciente de tus pensamientos te ofrece otra opción: ¿quieres continuar atrapado en ellos? La segunda opción parece mejor, ¿verdad? Pues recuérdalo, porque es habitual que, cuando estás bajo un mayor estrés, tu mente rechace la atención plena y te haga creer que no dispones de tiempo para practicarla. «¿Atención plena? ¿Por qué molestarme ahora con eso? Es una tontería.» NO HAGAS CASO A ESOS PENSAMIENTOS. Intentan persuadirte para que entres en los mismos círculos negativos de siempre.

✪ Un espacio para respirar de tres minutos

Esta estrategia te ayudará a recuperar un estado mental tolerante que disolverá las pautas de pensamiento negativo antes de que te hayan agarrado por el cuello. Es una manera fantástica de mantenerse centrado cuando se está bajo presión, y te permitirá darte una pausa, reflexionar y ampliar la perspectiva. En ella practicarás los aspectos básicos de la atención plena en tres pasos que duran más o menos un minuto cada uno. Los tres pasos son:

1. **Toma conciencia:** apaga el piloto automático y reconoce cuál es tu experiencia en este momento.
2. **Dirige tu atención:** lleva tu atención a la respiración y utiliza la respiración como el elemento en que se fundamenta tu atención.
3. **Amplía tu atención:** Percibe la respiración y el cuerpo como un todo.

Esta estrategia es más efectiva si la practicas un par de veces al día: anótala en tu diario para la semana próxima. Solo dura tres minutos, así que no es difícil hacerle un hueco.

Paso 1. Toma conciencia

Adopta la postura de meditación recomendada (ver p. 47) y cierra los ojos. Pregúntate: «¿Cuál es mi experiencia ahora mismo?».

◆ ¿Qué pensamientos cruzan por tu mente? Constátalos y, luego, déjalos pasar.
◆ ¿Cómo te sientes emocionalmente? Dirige la atención a la sensación. Constátala sin dejarte arrastrar por ella.
◆ ¿Cómo te sientes físicamente? Concéntrate en tu cuerpo. Realiza un rápido escaneo del cuerpo para notar las sensaciones o la tensión. Constátalas, pero no intentes modificarlas.

Paso 2. Dirige tu atención

Dirige la atención a la sensación física que te produce la respiración

◆ Concéntrate en el abdomen, en cómo se expande al inspirar y se contrae al espirar
◆ Sigue la respiración al entrar y al salir (quizá quieras contar, tal como hiciste en estrategias anteriores)
◆ Si la mente divaga, vuelve a dirigirla, con amabilidad, a tu respiración

Paso 3. Amplía tu atención

Amplía la atención hasta que abarque todo tu cuerpo

◆ Imagínate que todo tu cuerpo está respirando, y visualiza que el aire lo recorre por todas partes
◆ Concéntrate en cualquier sensación de incomodidad, e imagina que el aire entra y envuelve esa sensación; luego «suelta» la tensión al espirar
◆ Piensa en esto como en una forma de explorar las sensaciones sin intentar cambiarlas. Si estas dejan de llamarte la atención, quédate sentado, consciente de tu cuerpo momento a momento

Es posible ilustrar esta estrategia con un reloj de arena:

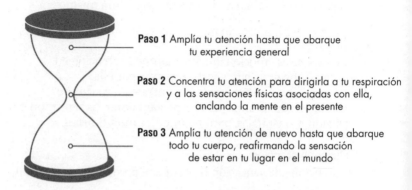

Paso 1 Amplía tu atención hasta que abarque tu experiencia general

Paso 2 Concentra tu atención para dirigirla a tu respiración y a las sensaciones físicas asociadas con ella, anclando la mente en el presente

Paso 3 Amplía tu atención de nuevo hasta que abarque todo tu cuerpo, reafirmando la sensación de estar en tu lugar en el mundo

Repaso: ¿Qué pensamientos, sensaciones o impulsos has notado? Reconectar con la respiración te ayuda a evitar los juicios, las críticas y las categorías que puedan surgir de la creencia de que estás haciendo «mal» la estrategia, lo cual demuestra lo fácil que es sentirse impaciente y frustrado con uno mismo. Esta estrategia es perfecta cuando te das cuenta de que tu mente se mete en caminos negativos o cuando notas que tu cuerpo expresa tus emociones o la angustia. Te recordará que dejes de obsesionarte por las soluciones deseadas o por querer que las cosas sean de otra forma, y te enseñará a ser más paciente y tolerante contigo. Ello te liberará de la destructiva garra del estrés, la ansiedad o la infelicidad. En lugar de ello, podrás, simplemente, «ser».

Los «imperdibles» del capítulo

✓ Tanto el modo hacer como el modo ser tienen su función. Simplemente, asegúrate de que estás en el modo adecuado en el momento adecuado.

✓ La atención plena te ayudará a evitar los patrones negativos recurrentes que solo consiguen exacerbar la ansiedad, el estrés o el desánimo.

✓ No es posible arreglar o curar las emociones. Son nuestra manera de navegar por las experiencias. ¡Incluso las emociones malas tienen un propósito!

Capítulo 8

Permítelo

No es posible arreglar ni resolver tu estado de ánimo. Este capítulo explora de qué forma el hecho de aceptar las emociones, incluso las más terribles, es la única manera de asegurarse de que pasarán sin infligir un daño duradero.

Los tonos de las sensaciones

*C*uando alguna cosa sucede, depende de lo que sea, experimentas emociones que producen alguno de los tres «tonos» generales de las sensaciones:

1. **Sensaciones agradables/buenas:** las que quieres que duren
2. **Sensaciones neutras:** las que no te afectan de forma positiva ni negativa
3. **Sensaciones desagradables/malas**: las que intentas apartar o evitar

Los tonos de las sensaciones son experiencias de placer o disgusto que acompañan a ciertas emociones. Por ejemplo, si ganas la lotería sentirás euforia, sorpresa o excitación, lo que provoca sensaciones maravillosas, una sensación general de «¡Uau!». Si muere tu gato, sentirás pena, tristeza y una sensación general desagradable.

En general queremos que las sensaciones agradables duren, así que intentamos aferrarnos a ellas. Ante las sensaciones neutras, tenemos tendencia a desconectar de ellas y de la experiencia que las produce. Pero ante las sensaciones negativas simpre intentamos librarnos de ellas o evitar que vuelvan a producirse.

Los tonos de las sensaciones son sutiles, es posible que ni siquiera te des cuenta de que aparecen y desaparecen, pero ejercen una enorme influencia en lo que sucede a continuación puesto que provocan ciertos pensamientos y comportamientos. A todos nos gusta sentirnos fantásticamente todo el rato, pero esa no es una expectativa realista. A veces sentirás enojo, frustración, humillación o ansiedad: no sería natural que no fuera así. Sea cual sea la emoción negativa que experimentes, esta provocará unas sensaciones negativas, una sensación general de rechazo. Puesto que es propio de la naturaleza humana detestar las cosas desagradables, es natural que surja el intento de combatir las sensaciones negativas a través de alguna de las siguientes tácticas:

◆ Intentar librarse de la emoción
◆ Intentar ignorarla/evitarla
◆ Regodearse en ella u obsesionarse con ella
◆ Intentar impedir que vuelva a producirse.

En este esquema verás algunos de los métodos comunes asociados a estas tácticas:

Los tonos de sensaciones negativos te impulsan a...	Lo que esto implica	El resultado
1 Intentar librarte de ellos	◆ Activar el modo hacer para «arreglar» tu estado de ánimo (lo cual es imposible) ◆ Hacerte un montón de preguntas: «¿Por qué me siento así?» ◆ Vivir solo enfocado en el futuro y fijarte objetivos poco realistas/inadecuados/absurdos: «Si hago X, Y y Z, me sentiré mejor» ◆ Regodearte y preocuparte: «¿Por qué no puedo superarlo/ser feliz?»	Autorrecriminación y sentimientos de haber fallado cuando no se consigue solucionar el estado de ánimo. No es posible librarse de las emociones desagradables a través del pensamiento. Al enfocarte hacia esta tarea imposible y/o al centrarte en el pasado te pierdes las cosas buenas del día a día que, de forma natural, mejorarían tu estado de ánimo.
2 Ignorarlos/evitarlos	◆ Distraerte ◆ Negar las sensaciones negativas: «Me siento fantásticamente bien, ¡gracias!» ◆ Enmascararlas con alcohol, drogas o con la adicción al trabajo	Si te distraes, niegas las sensaciones o las enmascaras con alcohol, drogas o trabajo, no haces más que engañarte. Las sensaciones te perseguirán como una oscura nube privada. Es posible que evitarlas funcione durante un corto período de tiempo, pero no es posible mantener las sensaciones a raya de forma indefinida.
3 Obsesionarte con ellos	◆ Regodearte en la sensación ◆ Repasar una y otra vez el suceso que las provocó ◆ Regodearte en sentirte mal porque lo mereces ◆ Dar vueltas a experiencias del pasado que provocaron las mismas sensaciones	Sea cual sea la emoción que provocó el tono de la sensación (rabia, humillación, envidia, ansiedad, tristeza), acabas añadiendo otras como culpa, vergüenza, rabia o incluso más tristeza cada vez que le das vueltas, te preocupas o te comparas con otros (la segunda flecha, ver p. 142). Te quedas tan atrapado en el estado de ánimo que te pierdes la vida.
4 Intentar evitar que ocurran de nuevo	◆ Evitar situaciones o sucesos que puedan provocar las mismas sensaciones aislándote o siguiendo rutinas rígidas	Creas una zona de confort y permaneces dentro de ella, limitando así tus experiencias. Es imposible evitar las sensaciones desagradables, y si haces eso no consigues más que darte otro golpe tan fuerte como el primero.

La atención plena consiste en permitir esas «malas» emociones, en aprender a dejarlas en paz. «¡¿Qué?!», nos parece oírte gritar. «¿Queréis que me sienta mal?» Sí. Porque las emociones pasan. Es así de simple. Ninguna emoción dura siempre, no importa lo terrible que sea. Pero al utilizar alguna de las prácticas que hemos detallado, solo conseguirás que permanezcan más tiempo.

Tu respuesta de «No quiero sentirme así» es totalmente comprensible, pero tus emociones están ahí por un motivo. Son la respuesta que tenemos los seres humanos para procesar lo que nos sucede. La evitación, la preocupación y el darle vueltas no permiten que hagan su función. El viejo dicho de «Lo que no mata, engorda» es cierto. Las emociones difíciles te convertirán en una persona más fuerte si permites que sigan su curso. No es posible que aprendas, que crezcas o que avances si siempre estás huyendo de las emociones que no te gustan. La única manera de que se vayan es que las recibas de cara.

✪ Aceptar la tristeza

Esta estrategia está adaptada del libro *Teaching Clients to Use Mindfulness Skills*, de Christine Dunkley y Maggie Stanton.

◆ Pon la alarma para que suene al cabo de dos minutos, toma una libreta y siéntate en algún lugar tranquilo donde no te molesten.

◆ Ahora, dirige la atención hacia tu tristeza. Piensa en cómo te sientes cuando estás triste y en lo que ese sentimiento te impulsa a hacer o en pensar en hacer.

◆ Empieza cada frase así: «Sé que cuando estoy triste...». Luego dirige la atención a la emoción, procurando que emerja. Por ejemplo: «Sé que cuando estoy triste, a veces tengo ganas de llorar. Sé que cuando estoy triste puedo comer muchas galletas. Sé que cuando estoy triste noto presión en el pecho. Sé que cuando estoy triste busco apoyo en mis amigos/me escondo».

Puedes decir cada una de estas cosas en voz alta o puedes escribirlas.

Repaso: ¿Qué te ha parecido esta estrategia? ¿Te la has saltado? (Sé honesto.)

Te hemos pedido que dirijas la atención a algo que habitualmente evitarías. Muchas personas se preocupan por conocer a dónde les puede conducir esta estrategia, pero casi todas las que la han practicado afirman que no fue una experiencia tan mala como esperaban que fuera. Se trata de que te des cuenta de que puedes aceptar la tristeza... y salir de ella. Eso debería darte la seguridad de que existen grados de infelicidad por los que puedes subir y bajar, para que cuando te ocurra algo malo no caigas de inmediato en un abismo oscuro y terrible. Al ser capaz de pensar en la tristeza, estás en el camino de poder tolerarla. No es necesario que te consuma, y si lo reconoces, no lo hará. Aceptar tus miedos puede ser enormemente liberador, pues sabes con qué te enfrentas.

Aprender a permitir que las cosas sean como son

Las estrategias que se han ofrecido en este libro hasta el momento conducían hasta este punto: que pongas en práctica todo lo que has aprendido para que puedas aceptar las emociones y los pensamientos como sucesos transitorios que no te definen, y puedas utilizarlos como una manera de estar más presente (hablaremos más de los pensamientos en los capítulos siguientes).

Es posible cambiar la manera en que te manejas con las experiencias negativas para que tengas una perspectiva más ajustada, en lugar de permitir que el estrés o la preocupación te inunden. Si dejas que las cosas sean como son, estarás más tranquilo, serás más amable contigo y te costará menos aceptarlas. Esto no es lo mismo que resignarse o lavarse las manos con un suspiro si sucede algo difícil, sino que se trata de aprender que no es necesario estar siempre luchando para sentirse de una forma determinada. Si eres más consciente, el estrés es menos estresante, y la felicidad, la alegría y el placer se hacen más felices, alegres y gozosos. La única posibilidad es ganar.

Ejemplo: el examen de Ed

Ed supo que había suspendido un examen. En cuanto leyó la frase «Siento comunicarle...» notó un nudo en el estómago y se dio cuenta de que se le llenaban los ojos de lágrimas. Los pensamientos «Debo de ser realmente tonto» y «He decepcionado a todos» se le pasaron por la cabeza.

La respuesta no consciente: Los pensamientos de Ed empezaron a dar vueltas y a girar alrededor de los «fallos» del pasado y de las veces en que había decepcionado a sus padres/colegas/amigos. Avergonzado, no le dijo a nadie que había suspendido. Pero los demás se enteraron a través de otras personas y se enojaron por el hecho de que no se lo hubiera dicho él mismo. Esto le hizo sentirse culpable, además de avergonzado, enfadado y rabioso. Podía volver a hacer el examen, pero decidió que no: no quería volver a sentirse de esa manera. Se aferró a lo que ya sabía que podía hacer.

La respuesta consciente: Ed reconoció que su mente buscaba pruebas que respaldaran la tesis «Soy un fracasado». También reoconoció que su cuerpo reaccionaba con tensión, ansiedad y malestar en el estómago. Inspiró profundamente varias veces, se concentró en el cuerpo y en la respiración para tomar un poco de distancia de lo que pensaba y sentía. «Vale, me siento mal —reconoció—, y suspender este examen me provocará algunos problemas, pero ninguno que no pueda manejar. Por lo menos, he sido valiente al hacerlo.»

Ser consciente no significa que debas dejar de planificar el futuro ni de intentar mejorar tu vida. Simplemente te da las herramientas para hacer planes y tomar decisiones de forma informada, en lugar de permitr que tus emociones y pensamientos (que no siempre ayudan) decidan por ti.

Cultivar una actitud de aceptación, calma y compasión

Al aceptar los pensamientos y emociones desagradables, romper las pautas de comportamiento negativas y aprender a salir de las zonas de confort serás más consciente. Tal como ya sabes, tus emociones se expresan físicamente, así que prestar atención al cuerpo además de a los pensamientos es un aspecto esencial para encararte con las emociones difíciles. Si consideras esas señales corporales como primeros avisos, evitarás exacerbar la ansiedad, la preocupación y la tristeza. Tu cuerpo se siente así por un motivo. Si incorporas estas prácticas a tu vida, revertirás la actitud habitual de rechazar las cosas difíciles o desagradables y empezarás a cultivar una actitud de aceptación y de calma.

✪ Rechazar el rechazo

◆ Siéntate durante unos minutos y dirige la atención a las sensaciones que te produce la respiración. Después dirige la atención al conjunto del cuerpo.

◆ Cuando estés totalmente presente, piensa en alguna dificultad normal que te esté afectando en este momento de tu vida. No hace falta que sea algo muy importante, solo algo que haya estado presente en tus pensamientos: quizá un malentendido o una pelea, una situación preocupante por la cual te sientes arrepentido, enojado o culpable. Si no se te ocurre nada, piensa en algo del pasado.

◆ Cuando tengas ese suceso o pensamiento en la mente, sintoniza con las sensaciones del cuerpo. Mira si puedes notar e investigar esas sensaciones internamente, dirigiendo la atención a la parte del cuerpo en que esas sensaciones sean más fuertes. Inspira por esa parte del cuerpo y espira también por ella, explorando las sensaciones, notando los cambios de intensidad entre un momento y otro.

◆ Cuando sientas que tu atención está estable en las sensaciones corporales y estas estén vívidamente presentes en tu consciencia, por muy desagradables que sean, intenta profundizar en tu actitud de aceptación y de apertura a lo que sea que experimentes diciéndote: «Está bien. Sea lo que sea, ya está aquí. Voy a abrirme a ello». Entonces permanece con la consciencia de esas sensaciones físicas y de tu relación con ellas, permitiendo que sean lo que son. Puede resultar de ayuda que te repitas: «Ahora mismo está aquí. Sea lo que sea, ya está aquí. Voy a abrime a ello».

◆ Recuerda que al decir «Ya está aquí» o «Está bien» no estás juzgando ni aprobando la situación que lo ha provocado, sino que estás ayudando a que tu atención permanezca disponible a las sensaciones de tu cuerpo.

◆ Cuando empieces a notar que las sensaciones físicas ya no atraen tu atención con la misma fuerza, dirige la atención al cien por cien a la respiración, haciendo que esta sea el objeto principal de ella. Si no aparece ninguna sensacion poderosa en los siguientes cinco minutos, puedes hacer este ejercicio con cualquier sensación, aunque no tengan ninguna carga emocional en especial.

Repaso: ¿Qué has notado? ¿Dónde percibiste con mayor fuerza las sensaciones con una fuerte carga emocional? Si eres más consciente de dónde experimentas la incomodidad física serás más receptivo cuando te suceda otra vez, así que sabrás dónde buscar.

Ed probó esta estrategia y se dio cuenta de lo difícil que resulta no dejarse ahogar por las sensaciones «malas». Su reacción automática fue intentar replicar a sus pensamientos negativos. Pero, con tiempo, fue capaz de relacionar lo que sentía con lo que pensaba, lo cual le permitió trabajar con ello. Le resultó de ayuda nombrar las emociones fuertes a medida que iban apareciendo, por ejemplo: «La emoción de tristeza está aquí» en lugar de «Me siento un fracasado», o «La emoción de tristeza está aquí» en lugar de «No puedo creer que haya suspendido». Visualizó sus emociones como frentes climáticos: el frente tormentoso viene y va, igual que lo hace el frente soleado. Reconocer los tonos de esas sensaciones también lo ayudó a darse cuenta de cómo sus emociones lo afectaban físicamente. Sentía la ansiedad y la culpa como una tensión en el pecho, y el hecho de darse cuenta de eso hizo que parte de su tensión desapareciera.

El sentido de la meditación es «permitir» que esos sentimientos y pensamientos vengan y vayan sin dejarse arrastrar por ellos. Eso significa hacerlo también con las sensaciones buenas. No te aferrarás a nada, sea bueno o malo; simplemente dejarás que sea. Cuando, durante la meditación, la mente nos porporciona sensaciones agradables resulta muy tentador quedarse ahí y disfrutar de ello. Al hacer asociaciones, estas nos arrastran y nos alejan del punto de origen; podemos encontrarnos completamente atrapados por ellas. Aunque pueda parecer que los juicios, evaluaciones y asociaciones buenas son inocuas, el objetivo es no quedarse aferrado en nada bueno ni malo, pues ambas actitudes nos alejan del momento. Si enjuicias algunas cosas como buenas/mejores/correctas, entonces deberás enjuiciar otras como malas/peores/erróneas. La atención plena no consiste en juzgar, arreglar ni desear que las cosas sean distintas a como son. Cada vez que nos vemos arrastrados por asociaciones buenas o agradables, el ejercicio es el mismo: hacer que la mente regrese al presente. De esta forma, aunque pueda ser difícil abandonar una asociación agradable, estarás desarrollando una habilidad que te será útil en una situación dolorosa.

Abandona el deseo de hacer que las cosas sean de otra forma. Permitir la experiencia significa dar espacio a lo que aparezca, sea lo que sea, en lugar de crear otro estado.

Ejemplo: cantando bajo la lluvia

Sarah se había refugiado de la lluvia en una parada de autobús. No llevaba paraguas y calzaba unas sandalias, así que le quedaron los pies empapados al cabo de unos segundos. Pasaron diez minutos y la lluvia no había aminorado en absoluto. En realidad había arreciado. Sarah sabía que no era posible evitarla todo el rato: al final debería enfrentarse a ella.

Sus opciones:

A Correr bajo la lluvia, maldiciéndola mientras se empapaba y pensando «¿Por qué siempre me pasa esto a mí?» o «Cuando llegue a casa deberé lavar toda la ropa». Tenía los brazos y las piernas tensos, y cerraba los puños con fuerza mientras avanzaba.

B Pensar que enojarse o irritarse solo empeoraría la incomodidad que ya sentía. Al darse cuenta de la tensión de su cuerpo, respiró profundamente concentrándose en las inspiraciones y las espiraciones. «Estoy teniendo esos pensamientos de "esto no es justo" —pensó—. Si me dejo arrastrar por ellos, será peor.» En lugar de ello, se concentró en la lluvia y se fijó en que tenía su particular belleza. Sabiendo que acabaría empapada de todas formas, se dijo «¡Qué diablos!» y empezó a caminar.

Al elegir la opción B, Sarah cambió su relación con la lluvia, lo que es una metáfora obvia aunque efectiva de las emociones: puedes salir corriendo, evitarlas, quejarte y sentir desaliento, o bien puedes enfrentarte a ellas y dejar que sean lo que son.

Este es el mapa mental de Sarah de la opción B:

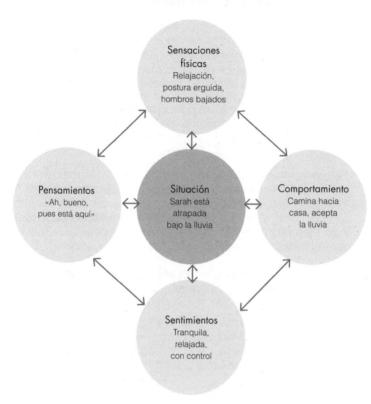

Cosas importantes que recordar

✦ La meditación no «funciona». No es posible hacerlo bien o mal. No te juzgues ni te castigues si te aparecen pensamientos y tu mente divaga. Es natural. Ser consciente consiste en reconocer cuándo sucede eso y en traer de vuelta la mente al presente con amabilidad.

✦ Nombrar las emociones te puede ayudar a tomar distancia de ellas, al igual que nombrar los pensamientos (tal como se verá en el capítulo 10, ver p. 164): «Esta es la emoción de la ansiedad» / «Esta es la emoción de la tristeza».

✦ Si tu mente se ve arrastrada siempre a los mismos pensamientos, sentimientos o sensaciones de forma repetida, constátalo. No intentes modificarlo, rechazarlo ni arreglarlo. Simplemente acéptalo. Mantener la incomodidad con atención plena es estar afirmando un mensaje potente: «Puedo aceptar esto y trabajar con ello. No estoy huyendo».

✦ La atención plena consiste en ver las cosas tal como son, en lugar de tal como desearías que fueran.

✦ Deja de querer que las cosas sean diferentes. En lugar de ello, toma conciencia de lo que «es». Eso te liberará y dejarás de verte arrastrado de un lugar a otro. Puedes estar plenamente presente en el momento.

El hecho de permitir que tus emociones sean tal como son, distanciarte de ellas y no juzgarlas evita lo que Thích Nhât Hanh denomina «la segunda flecha». Entraremos en ello de forma más detallada en el capítulo 9a (ver p. 143), pero básicamente consiste en el hecho de pensar de forma negativa sobre tus emociones: si recibes el impacto de una flecha, dolerá (te ha sucedido algo malo), pero si recibes otra flecha en el mismo lugar te dolerá mucho más (al pensar una y otra vez en el suceso). Si reaccionas así, añades culpa, vergüenza, preocupación y angustia a lo que ya sientes. El hecho de aceptar las emociones y permitir que sigan su curso dirige tu atención al aquí y ahora, y te muestra que la tristeza, la ansiedad, el desánimo y el estrés se pasan. Nada permanece para siempre. ¡Podrás realizar cambios, cambios informados y conscientes, y así tendrás un mayor control y estarás más presente y más vivo!

Los «imperdibles» del capítulo

✓ No es posible evitar, arreglar ni impedir una emoción. Si lo intentas, no conseguirás más que exacerbar el sufrimiento y prolongarlo.

✓ Presta atención a tu cuerpo para tomar conciencia de tu estado de ánimo. Para eso está: intenta decirte algo, así que escúchalo.

✓ Aprende a dejar en paz tus emociones. Ellas no dirigen tu vida. Al ser consciente de ellas, estarás presente en el aquí y ahora, y tu vida no pasará de largo.

Capítulo **9a**

Contar
cuentos

Tu mente te cuenta historias para intentar encontrar un sentido a los sucesos y a los sentimientos. El problema es que muchas veces estas historias son absurdas y están basadas en pensamientos como «No soy capaz de hacerlo» o «Esto es un desastre». En este capítulo aprenderás a reconocer y desafiar esos cuentos para ganar una perspectiva más clara.

Los pensamientos no son hechos

*I*magina lo siguiente: estás caminando por la calle ocupado en tus cosas y, de repente, ves a tu amigo Jake. Lo saludas con la mano y lo llamas en voz alta. Jake te mira directamente y… se da la vuelta. No te devuelve el saludo ni te dice nada; simplemente, continúa caminando.

¿Qué ha sucedido? En el siguiente esquema encontrarás algunos pensamientos comunes que esta situación puede suscitar y las emociones correspondientes.

Situación	Pensamientos	Sentimientos
Alguien a quien conoces no responde a tu saludo	«¡Me ha ignorado!»	Malestar, vergüenza, enojo
	«Debo de haber hecho algo que lo ha molestado»	Ansiedad, nervios
	«No puedo creer que no me salude. ¡Qué grosero!»	Enojo
	«No me sorprende: les caigo mal a todos»	Aislamiento, soledad, desaliento
	«Quizá tiene prisa por llegar a algún sitio. Espero que esté bien»	Preocupación, calma
	«Me parece que no lleva puestas las gafas; no debe de haberme visto»	Neutralidad, calma

Si haces caso al pensamiento de que Jake te ha ignorado, quizá se lo hagas tú a él la próxima vez que os encontréis, lo cual provocará una cadena de sucesos totalmente innecesarios. Por el contrario, si te lo has tomado de forma más positiva, neutral y —seamos honestos— más realista, podrás decirle «Hey, te vi el otro día: ¿me viste?» y, así, saber qué sucedió sin llegar a conclusiones de forma precipitada.

Hemos ilustrado algunas de las interpretaciones acerca del encuentro con Jake en este mapa mental:

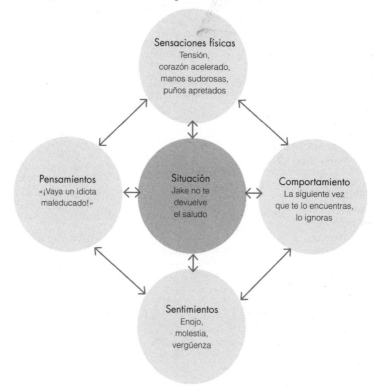

He aquí otro ejemplo. Imagínate que has tenido un día horrible: uno de esos días que te hacen pensar que no vas a querer levantarte de la cama nunca más. De camino al trabajo, te metiste en un charco con los zapatos nuevos y luego perdiste el autobús. Cuando por fin llegaste, tu jefa te llamó a la sala de reuniones (una sala de paredes de cristal, para que todo el mundo pueda mirar) y te reprendió por algo que era culpa suya. Mientras te gritaba, miraste

Situación	Pensamientos	Sentimientos
Tu jefa te reprende por algo que no ha sido culpa tuya	«No me sorprende: me detesta»	Resignación, desaliento, tristeza
	«Esto no es justo»	Enfado, frustración
	«¡Típico! Esto es lo que me pasa siempre»	Irritación, resignación
	«¡Ja! Todo el mundo sabe que no ha sido culpa mía. Esto es muy raro»	Calma, neutralidad
	«Quizá tiene un mal día»	Neutralidad, calma

Así es como aparece en un mapa mental una de estas interpretaciones:

al suelo y te diste cuenta de que ella llevaba los mismos zapatos que tú, pero los suyos no estaban destrozados por el agua.

¿Cuáles son tus pensamientos? ¿Qué ha sucedido?

Es increíble la frecuencia con que tomamos pensamientos ridículos por hechos reales: «Mi superior me detesta» y «Esto es lo típico que siempre me pasa a mí». La mente está siempre contándonos cuentos, pues intenta encontrar el sentido de lo que ocurre. Pero muchas veces no son más que conjeturas, una manera de rellenar la incógnita con hipótesis. Según sea tu estado de ánimo y la situación, la información que te ofrece puede desestabilizarte si la aceptas como una verdad y no la cuestionas. Cuando te sientes triste/ansioso/estresado, ese tipo de pensamientos no solo te hacen sentir peor, sino que pueden empeorar la situación. Siguiendo con el ejemplo anterior, si tienes un carácter fuerte quizá hables a tu jefa con malos modos o le des un pisotón en esos zapatos tan inmaculados. No sería una buena idea. Si eres una persona que se contiene, quizá regreses a tu escritorio con enojo y escribas un e-mail furioso a tu amigo explicándole lo idiota que es tu jefa y que acabes mandándoselo, por error, a ella. Tampoco sería buena idea. O quizá pases el día buscando un trabajo nuevo que ni quieres ni necesitas. Tus pensamientos influyen directamente en lo que decides hacer y en cómo te sientes emocional y físicamente, así que si tus pensamientos son negativos, tu estado de ánimo, tus sensaciones físicas y tu comportamiento también lo serán.

Los pensamientos no son hechos. Los pensamientos no representan las cosas tal como son y, a menudo, no se basan en nada real. Debes desconfiar de los cuentos que te cuenta la mente.

✪ Mapa mental de «tus pensamientos no son hechos»

Piensa en una situación reciente que te haya provocado estrés, ansiedad o preocupación. Elabora tu mapa mental explicando la situación, los pensamientos que tuviste, sensaciones físicas y comportamiento. Empieza por cualquier punto: quizá recuerdes que tu cuerpo se tensó (sensaciones físicas), o que diste una patada a la pared (comportamiento). Utiliza eso como punto de partida.

Repaso: ¿Los pensamientos que tuviste eran hechos irrefutables? ¿Estos pensamientos soportarían una prueba? ¿Te has dado cuenta de qué forma provocaron una cadena de sucesos innecesarios?

Los pensamientos automáticos negativos (o los NAT)

Los pensamientos sobre los que hemos estado hablando se llaman pensamientos automáticos negativos, NAT en su abreviatura inglesa. Son unas feas maquinaciones de la mente que desean hacerte tropezar y sentir mal. Cruzan tu mente a la velocidad del rayo sin que tengas casi tiempo de darte cuenta de ello, así que raramente los cuestionas. Lo más habitual es que los aceptes como verdades fundamentales. Cuando estás estresado/ansioso/triste, tu mente se ve influida por ellos y distorsiona la información para que esta se adapte a tus emociones. Entonces es cuando produce los NAT. El mecanismo de lucha o huida también participa de ello, buscando «amenazas» y encontrándolas allá donde es posible.

Los NAT influyen en tus ideas y creencias, en lo que te dices y en la manera de comportarte. Si les das rienda suelta, harán que todo te parezca más sombrío, oscuro y difícil de superar.

◆ Los NAT son pensamientos que te cruzan por la mente sin que te des cuenta de ello. Son cosas como: «Ella tiene mucho más éxito que yo», «Acabo de cagarla de verdad», «Se ha enfadado conmigo», «Soy un impostor».
◆ Son valoraciones e interpretaciones pesimistas de las cosas que suceden a tu alrededor y que tú aceptas como si fueran hechos incuestionables.
◆ Los NAT no son racionales ni realistas, pero a menudo se basan en las inseguridades y miedos más profundos. Por ello te parecen razonables, por muy absurdos que sean. Por ejemplo, piensas «¡Jake me ha ignorado!» aunque no tenga ningún motivo para hacerlo. Tu mente intentará encontrar motivos por los que te ha podido ignorar y lo conseguirá, porque tiene talento contando historias y buscando pruebas (ver página siguiente).

◆ Los NAT son contagiosos. Uno solo puede provocar tres, cuatro o cinco más. Por ejemplo: «¡Me ha ignorado!» ⟶ Debo de haber hecho algo malo» ⟶ «Siempre hago las cosas mal» ⟶ «No sirvo para nada». ¡Y todo porque Jake se olvidó las gafas! Y te sientes triste/preocupado por algo sin verdadero valor.
◆ Los NAT te hacen sentir mal e impiden que disfrutes de la vida.

Búsqueda de pruebas

¿Por qué te crees los NAT? Porque tu mente busca pruebas que los apoyen y luego elabora una historia con todo ello. Así:

Suceso ⟶ NAT ⟶ Búsqueda de pruebas que apoyen
los NAT ⟶ Historia elaborada por tu mente

Tu mente junta toda la información que ha encontrado y luego elabora un complejo cuento que encaje con tu estado mental del momento para que te resulte creíble. Lo hace a partir de tus recuerdos y de tus miedos acerca del futuro, y te lo presenta como una prueba que apoya tu estado de ánimo y tus NAT. Por ejemplo: «¿Te cuesta tu trabajo? ¡Eso es porque eres malo trabajando! ¿Recuerdas cuando hiciste mal ese proyecto?».

Este proceso de búsqueda de pruebas y de elaborar historias implica que el mismo suceso puede tener un significado distinto para cada persona. Por ejemplo, mientras que Natasha está ilusionada esperando la fiesta de Navidad de la oficina, su colega Jonny teme que llegue el momento. No se le ocurre que haya nada peor que tener que soportar una noche de «diversión obligatoria» durante la cual sabe que (porque su mente le ha informado de ello) hará el ridículo, igual que hizo el año anterior. Esta manera de pensar afectará a su ánimo y a su comportamiento, y seguramente pasará una mala velada, pero no por factores externos sino porque se comportará como un gruñón toda la noche.

El momento también juega un papel crucial: el mismo suceso puede tener significados distintos para la misma persona según el momento en que ocurra. Por ejemplo: leer un e-mail terrible de trabajo el lunes por la mañana a primera hora o leerlo el viernes.

Si te sientes estresado, tu mente buscará pruebas y elaborará una historia según la cual, por el hecho de ser viernes, todo el fin de semana se verá arruinado. Pero si lo lees el lunes, quizá pienses «Por lo menos tengo toda una semana para arreglarlo».

Combatir los NAT y los cuentos terribles

A menudo, nuestras interpretaciones se basan en pautas y maneras de pensar muy familiares. Cuanto más pienses de una determinada manera, más pruebas encontrarás que respalden esa forma de pensar (como en el caso de «Nada me sale bien nunca»). Y cualquier información que contradiga esta versión de los sucesos será ignorada o descartada (es decir, las situaciones en que las cosas han ido bien «no cuentan»).

Los cuentos que tu mente te cuenta deben ser tratados con recelo, porque se han elaborado a partir de un estado distorsionado y estresado. Ser más consciente de ello te da la oportunidad de desafiarlos. «¿Es probable que Jake me haya ignorado?» «¿Qué motivo puede tener para hacerlo?» Aunque sea cierto —aunque Jake te haya ignorado— aceptar los NAT sin ningún cuestionamiento no te ayudará. De repente, él es un maleducado y tú no le hablarás nunca más. Pero en realidad, cuando te vio entró en pánico porque se había olvidado de tu cumpleaños. O no sabía cómo decirte que había conseguido ese trabajo que tú también querías. Es importante ser capaz de distanciarse de los NAT, como en «¡Es un maleducado! ¡Siempre hace lo mismo!» y reconocer que no son más que posibilidades, y no hechos, antes de que el mecanismo de lucha o huida se imponga y tu mente lógica desaparezca.

La segunda flecha

Tal como ya hemos mencionado en el capítulo anterior, «la segunda flecha» describe la repercusión que tienen los pensamientos negativos en tu estado de ánimo, tu cuerpo y tu comportamiento. Un suceso terrible duele (primera flecha). Pero si cedes a los NAT te estás disparando la flecha por segunda vez, lo cual te provocará más dolor y empeorará la herida inicial.

Ejemplo: una ruptura siniestra

Peter, el novio de Simone, rompió con ella mientras buscaban casa. No solo no quería comprar ninguna casa, sino que quería terminar por completo con esa relación de cinco años. Había decidido emplear ese dinero para irse de viaje y «encontrarse a sí mismo». Simone pasó días llorando, y pensaba «¡Cuán horrorosa debo de ser si él se va del país para escapar de mí! ¿Cómo he podido hacer esto tan mal? ¿Qué he hecho?».

Lo llamó una y otra vez, y le dejaba mensajes de voz lastimosos, hasta que al tercer día un amigo cogió el teléfono y le dijo que si no dejaba de llamar, Peter se vería obligado a bloquear el número. El tono de pena del amigo hizo que ella se sintiera incluso peor.

En el caso de Simone (ver el recuadro, más adelante), la primera flecha es su ruptura sentimental: le duele profundamente. La segunda flecha es su autorrecriminación, su preocupación y su constante urdir, pues exacerban el dolor original haciéndolo más profundo y severo.

Simone no puede hacer nada por evitar la primera flecha: fue la decisión de Peter y fue definitiva. Pero sí hubiera podido controlar la segunda. No era necesario que pensara esas cosas horribles sobre sí misma. Sí, seguro que sufriría el duelo por el fin de la relación y que se sentiría triste, pero eso forma parte de la primera flecha. Fue la autorrecriminación, la preocupación y el darle vueltas lo que hizo más insoportable esa tristeza natural.

Dispararse una segunda flecha es totalmente innecesario y no ayuda a nadie. En realidad solo empeora las cosas, para ti y para los que están a tu alrededor.

Al ser consciente de los NAT, de las segundas flechas y de los comportamientos poco saludables, podrás hacer cambios para asegurarte de que mantienes una mayor calma y de que dispones de las herramientas adecuadas para tomar buenas decisiones. Puedes empezar a considerar esos pensamientos como un sistema de avisos: «Empiezo a meterme por ese camino otra vez». Entonces serás capaz de desafiarlos o de reconocerlos y de continuar adelante, lo cual les restará malignidad.

✪ Tres cosas buenas

En lugar de permitir que esos pensamientos y esas emociones te arrastren, durante la próxima semana te centrarás en la imagen general.

1. Al final de cada día, antes de irte a la cama, escribe en la libreta tres cosas buenas que te hayan ocurrido. Pueden ser de cualquier tipo: alguien te sonrió por la calle, entregaste un trabajo a tiempo. ¡Cualquier cosa!
2. Reflexiona sobre por qué han sucedido esas cosas. Quizás esa persona te sonrió porque tú le habías sonreído a ella; quizás encontraste el pañuelo que habías perdido porque era tu día de la suerte; quizá entregaste el proyecto a tiempo porque trabajaste muchísimo.

Repaso: Prestar la adecuada atención a las cosas buenas (al escribirlas) es una manera muy sencilla de mejorar tu estado de ánimo y de impedir que los NAT ganen terreno. Los motivos que atribuyes a esas cosas buenas te harán ver el mundo —y, en consecuencia, a ti— bajo una luz más positiva. Las personas que son capaces de apreciar lo que tienen y que encuentran motivos para sentirse agradecidas tienden a sentirse más felices, más sanas, más optimistas y más plenas. Las investigaciones demuestran que la gratitud puede aumentar el nivel de bienestar entre las personas que la cultivan, y quienes siguieron esta estrategia durante una semana afirmaron haberse sentido más felices hasta al cabo de seis meses. No hay ninguna razón para hacerlo solamente una semana. Si te funciona, incorpóralo a tu rutina diaria.

Los siguientes pasos…

En el capítulo siguiente echaremos un vistazo a los propósitos de tu mente y a tu juez interno, que disfruta diciéndote que todo lo haces mal. Las reglas y normas internas que te impones dan forma a tus pensamientos, tus NAT, tu estado de ánimo y tu comportamiento. Comprender cómo funciona todo esto junto resulta fundamental para comprender cómo manejarte con ello.

Los «imperdibles» del capítulo

✓ Los pensamientos no son hechos: solamente son hipótesis y opiniones de tu mente.

✓ No creas a pies juntillas las «pruebas» que tu mente te ofrece cuando estás sufriendo un ataque de los NAT. Toma distancia para tener un punto de vista más claro.

✓ No seas víctima de la segunda flecha: tus reacciones podrían empeorar la situación (¡y, por la misma razón, podrían mejorarla si reaccionas bien!).

El esquema mental correcto

La mente genera listas de reglas, expectativas y mínimos que espera que tú cumplas y mantengas sea lo que sea con lo que te encuentres. Eso puede provocar que emitas juicios que sean de poca ayuda para ti y para los demás. Aprenderás a reconocer qué reglas debes saltarte.

✪ Tres cosas buenas

Esta estrategia es una adaptación del libro *Teaching clients to Use Mindfulness Skills*, de Christine Dunkley y Maggie Stanton.

Para practicarla, busca una hoja de árbol. Si no es posible, busca otro objeto pequeño (una piedra, una concha, una piña, una castaña, una ramita, una manzana o una moneda) y sustituye la palabra «hoja» por lo que hayas escogido.

Pon la alarma para que suene al cabo de cinco minutos y sigue las instrucciones. Si la mente divaga, tráela de vuelta a la estrategia con amabilidad.

◆ Sostén la hoja en la palma de la mano, prestando atención a su peso. ¿Cuán pesada es? ¿Resulta más pesada en algún punto que en otro?

◆ ¿Cómo la sientes sobre la palma de la mano? ¿Hay puntos en los que entra en contacto con la piel y otros puntos en que no?

◆ Sujétala entre el índice y el pulgar. Nota la temperatura de la hoja: ¿parece caliente o fría?

◆ Fíjate en la textura de la hoja: ¿es rugosa o lisa? ¿Los bordes te dan la misma sensación que el centro? ¿Es dura o suave, firme o flexible, húmeda o seca? ¿Cómo notas el tallo, en comparación?

◆ Recorre el contorno de la hoja con la mirada, percibiendo la forma y el tamaño. Mírala desde distintos ángulos, fijándote en que la forma cambia. ¿Es delgada? ¿Cómo es de ancha en la parte más amplia?

◆ Nota el color de la parte superior de la hoja, fíjate en la variedad de sombras y texturas. Mírala con detalle: ¿tiene surcos, dibujos? Explora todas las partes de la hoja: el borde, la superficie, el tallo.

◆ Ahora, manteniéndola entre los dedos, dale la vuelta y fíjate en cómo es de distinto el envés. Fíjate en las diferencias de color y de textura, y en cómo incide la luz en ella cuando la mueves.

◆ ¿Tiene un olor particular? ¿Este se nota más en el tallo o en el centro de la hoja? ¿Se hace más intenso o más débil si la rascas un poco con la uña?

◆ Continúa empleando los sentidos para observar la hoja hasta que suene la alarma.

Repaso (en dos partes):

1. Primero, ¿qué tal te fue buscando la hoja (o lo que fuera que hubieras elegido)? ¿Pensaste «quiero una buena hoja» y buscaste el mejor ejemplar? ¿Cuál era tu definición de «buena hoja»? Una «buena hoja» será distinta para cada persona. Por ejemplo, algunas personas preferirían una hoja de un color verde oscuro, y otras de un tono amarillento o rojizo.
¿Te sorprende darte cuenta de que sigues un protocolo para elegir una hoja?

2. ¿Tu mente divagó durante el análisis de la hoja? Si fue así, ¿adónde fue? ¿Te aparecieron reglas/condiciones/expectativas del tipo «No puedo hacerlo» o «Debería hacerlo»? ¿Fuiste capaz de volver a dirigir la atención a la hoja? ¿Percibiste si aparecía algún juicio: «Esto es aburrido/absurdo/inútil»? ¿O alguna asociación: «Esta hoja me recuerda el paseo en el parque de ayer»? ¿Visualizaste algún recuerdo? ¿Experimentaste alguna emoción: felicidad, tristeza, nostalgia o frustración?

Los propósitos ocultos de tu mente

Ya hemos hablado de los NAT, de la búsqueda de pruebas y de la segunda flecha (ver el capítulo anterior). El siguiente paso para comprender qué es lo que pone en marcha tu maquinaria mental consiste en ser consciente de sus propósitos ocultos. Tal como has experimentado en la estrategia de la hoja, tu mente formula un plan de dos niveles para todo aquello con lo que se enfrenta: un propósito principal y uno secundario.

◆ Tu propósito principal: Lo que estás haciendo en el momento o lo que tienes pensado hacer
◆ Tu propósito secundario: Las expectativas, reglas y condiciones que debes seguir para llevar a cabo tu propósito principal, que dictan si lo consigues o si no lo consigues.

En la estrategia que hemos practicado, el estudio con atención plena de la hoja era tu propósito principal. Pero es inevitable que en ese proceso hayan aparecido propositos secundarios «ocultos»: «Debo encontrar una buena hoja. No puedo pensar en nada más». Al prestar una atención general a la hoja, quizás hayas sido más consciente de que tus propósitos secundarios intentaban interrumpirte («Estoy haciendo esto mal», «Esta hoja no sirve»), y hayas hecho regresar la mente a la tarea que estaba realizando.

La atención plena consiste en que te concentres en tu propósito principal, en lo que de verdad estás haciendo aquí y ahora, sin permitir que los propósitos secundarios te hagan perder la concentración. Tus propósitos secundarios intentarán interrumpirte y crearán condiciones innecesarias para conseguir el éxito, pero tú puedes aprender a reconocer cuáles de ellas son dignas de atención y cuáles deben ser descartadas. Eso requerirá práctica, porque esas reglas, expectativas y condiciones han estado fijadas en tu mente desde tu infancia. Tal como dijimos en el capítulo 4 (ver p. 60), al crecer desarrollaste un sistema de creencias que, sumadas a las que añadiste de adulto, dictan lo que esperas de ti mismo y lo que consideras importante.

Por ejemplo, imagínate que estás a punto de asistir a un encuentro de padres en la escuela de tu hijo. Ese es tu propósito principal, y tú planificas ese encuentro. Pero, en lugar de limitarte a ir y a escuchar lo que los profesores tienen que decir acerca del progreso de tu hijo, tu mente presenta un propósito secundario que tú no cuestionas: «Debo vestirme de tal forma que ofrezca una imagen de responsabilidad pero con sofisticación. No puedo hacer el ridículo contando chistes malos. Debo evitar a los padres de Joseph porque no recuerdo sus nombres». Y, sin darte cuenta, tendrás una larga lista de reglas que seguir que, indudablemente, modificarán tu experiencia de ese encuentro.

La estrategia de la hoja te hará más consciente de las veces que te pones límites a ti mismo, y así podrás elegir si te ciñes a ellos o no. Por tanto, la próxima vez que te surjan pensamientos como «No puedo decir eso» o «Me he puesto un vestido equivocado» no te limitarás a aceptarlos y a sentirte limitado, sino que serás consciente de lo que sucede y podrás decidir si prestarles atención o no. (En la página siguiente encontrarás más ejemplos de situaciones en las que es frecuente que aparezcan propósitos secundarios.)

A. Propósito principal: Salir con los compañeros para tomar una copa después del trabajo
Propósito secundario: No quejarme del jefe / del exceso de trabajo. No mencionar que busco otro empleo. Reírme de los chistes de Matthew

B. Propósito principal: Asistir a una boda de la familia
Proposito secundario: Llevar un regalo fantástico. No beber demasiado. No permitir que el tío Frank me dé la chapa todo el rato. Ser amable con Susan la Horrible

C. Propósito principal: Ir a una entrevista de trabajo
Propósito secundario: Estar orgulloso de mis logros pero no mostrarme arrogante. No preguntar «¿Cuánto tiempo tendremos para comer?». Maquillarme el grano de la nariz

En general, aceptamos los propósitos secundarios sin cuestionarlos porque creemos que son de sentido común, ¿verdad? Necesariamente no. Pueden estar fundados en creencias antiguas que quizá ya no tengan sentido en la actualidad. Pero aunque sean razonables, si los seguimos sin darnos cuenta, nuestra experiencia siempre se verá reducida: «¿Cuántas copas de vino he tomado?», «¿Ha sido un mal chiste?», «¡Ahí está el tío Frank: deprisa, huye!». Habrás pasado horas evitando al tío Frank cuando hubiera sido más sencillo hablar con él veinte minutos e irte. Seguramente, te habrás dado cuenta de los juicios críticos que surgen en tu mente: «No lo estoy haciendo bien», «Esto es una tontería», «Debo esforzarme más».

> ### Ejemplo: el mal cumpleaños de Beth
>
> Era el día del 30 cumpleaños de Beth (propósito principal). A la fiesta asistirían veinticinco personas, con acompañantes en algunos casos, así que sería un grupo bastante numeroso. Beth estaba nerviosa, aunque emocionada. Pero dos horas antes de que llegaran los demás, recibió dos cancelaciones por sms de parte de unos amigos muy cercanos que habían prometido asistir. «¡No va a venir nadie!», pensó (NAT) y, casi de inmediato: «¡Esto va a ser un desastre! (NAT) Supongo que si somos ⋯⋮

⋯⋅: al menos quince personas todo estará bien. Haré como si no esperara más que eso y pasaré un mínimo de diez minutos con cada uno. Y solamente beberé gintónic. Nada de vino, me pongo insoportable con el vino (propósitos secundarios)».

Propósito principal de Beth: celebrar la fiesta de su 30 cumpleaños
Propósito secundario de Beth: fijar las reglas de las cuales dependerá que la fiesta sea un éxito o no

El mapa mental de Beth es el siguiente:

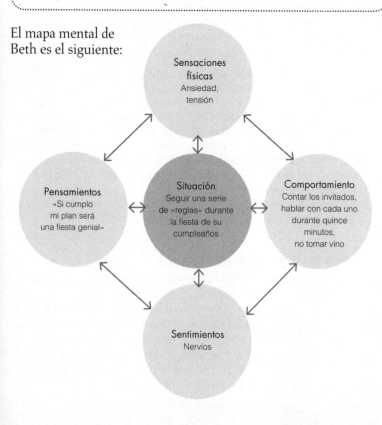

Los propósitos secundarios de Beth son totalmente innecesarios. Con ellos se está haciendo la vida imposible y está limitando su capacidad de disfrutar de la fiesta. No estará totalmente «presente» en ella porque pensará: «¿Hay un mínimo de 15 personas? ¿He hablado con cada uno durante 10 minutos?». Si uno no puede hacer un poco el tonto durante su fiesta de 30 aniversario, ¿cuándo hacerlo? Y si no pasa exactamente diez minutos con cada uno ¿a quién le importará? Todo el mundo comprenderá que está ocupada haciendo de anfitriona. Beth se fijó esas reglas para asegurarse de que la fiesta fuera un éxito, era una especie de red de seguridad, pero con ello se negó a sí misma la capacidad de ser espontánea y de, simplemente, pasárselo bien.

No es posible evitar que la mente elabore esos propósitos, pero al ser más consciente de las reglas que te impones, serás más capaz de decidir si quieres seguirlas o no.

El juez interno

Los propósitos secundarios surgen de un juicio interno sobre si somos aceptables o no, de la concepción interna de lo que es tener éxito o fracasar. Siguiendo la misma lógica, los propósitos secundarios son, a su vez, origen de nuevos juicios, puesto que si fallamos en su cumplimiento, habremos «fallado» de alguna manera. Los juicios son tanto causa como efecto.

Los juicios son unos bichos traicioneros. Algunos están bien, como los del tipo «Sería una tontería conducir de noche sin los faros encendidos» y «No abrir la puerta de mi casa a mi suegra sería una grosería». Este tipo de juicios nos permiten funcionar sin que nos arresten y sin provocar una guerra familiar. A pesar de todo, los juicios negativos que se fundamentan en requisitos restrictivos no sirven de nada y pueden resultar muy dañinos. Pueden bajar la autoestima y eliminar toda posibilidad de disfrutar de las experiencias. Además, también empezamos a juzgar a los demás a partir de nuestra propia definición de lo que es tener éxito.

Todo el mundo tiene un pequeño juez interno en su interior que le susurra «perlas de sabiduría». Este juez tiene su propio libro de reglas, y pobre de ti si no las cumples. Él es el origen de tus NAT, y es la voz que te acosa cuando sientes inseguridad: «¡Nunca lo vas a conseguir, das pena!». Lo que más le gusta al juez es convencerte de que estás haciendo las cosas mal.

Por desgracia, el juez resultará muy convincente puesto que siempre se centra en creencias muy antiguas que tienes acerca de ti. Por ejemplo, si siempre creíste que tenías exceso de peso y te faltaba atractivo, tu juez dirigirá tu atención a situaciones en las que te sentiste mal y acabarás perdiendo amplitud de miras. Cada pensamiento que surja desde ahí será una mella en tu autoestima y acabarás formándote propósitos secundarios poco realistas que están destinados a fracasar. Por ejemplo «Esta noche no tomaré hidratos de carbono», a pesar de que irás a aquel restaurante italiano cuyo chef siempre te prepara tu plato favorito de pasta.

Además, el mismo acto de juzgar ejerce una poderosa influencia en la habilidad para centrarse en el presente. Si siempre estás juzgando lo bien o lo mal que cumples las «reglas», nunca estarás presente en el momento. Estarás restándote la libertad de tomar tus decisiones y de vivir con plenitud. Los juicios («Lo estoy haciendo mal» / «No podré hacerlo» / «Debo ceñirme al plan») te atrapan y activan el modo hacer (ver capítulo 7). Empezarás a pensar en qué necesitas para cambiar, en cómo arreglar las cosas, en quién tiene la culpa y en que las cosas podrían ser muy distintas. Todo ello hará subir tu nivel de estrés de forma considerable.

Ejemplo: la pelea de Andy

Andy y Carl se pelearon por temas de dinero. Hacía años que eran amigos, y a menudo mantenían calurosos debates acerca de asuntos generales, pero esa vez la discusión se les fue de las manos. Ambos dijeron cosas de las que se arrepintieron y quedaron enemistados. Al cabo de una semana, Carl le mandó un e-mail a Andy pidiendo disculpas y proponiendo olvidar lo sucedido. Andy también se disculpó y estuvo de acuerdo, pero no pudo olvidar. No dejaba de pensar en las cosas que Carl le había dicho: «No me creo que dijera que no puedo comprender X, Y y Z. Yo nunca le hubiera dicho nada parecido a él».

Andy no podía olvidarse de la pelea porque estaba protegiendo sus propias convicciones sobre buen comportamiento y sus expectativas de Carl, a pesar de que este nunca tuvo oportunidad de acceder a cumplirlas. ¿Cuántas veces has pensado «Yo no lo habría hecho» cuando alguien te hace enfadar? Todos lo hacemos. Pero en realidad no es justo. Al hacerlo, juzgas a otra persona según tus propias reglas, tus propios motivos secundarios que definen lo que es aceptable y lo que no lo es. Son tus reglas, no las del otro.

Darse cuenta de ello y aceptarlo te quitará un peso de encima, y evitará que sigas tomándote las cosas de forma personal. Algunas personas son olvidadizas y dan las cosas por sentadas. Otras son autoritarias y obstinadas. Y las personas que no son conscientes están completamente atrapadas por sí mismas. No es una cuestión personal, simplemente siguen sus propias reglas y no las tuyas.

El perfeccionismo

La perfección es un mito: no existe. Querer dar la talla conforme a una versión personal de «yo puedo con todo» no hará más que hacerte vivir con ansiedad y tristeza, puesto que nunca te darás la oportunidad de tener éxito. Si no logras tu objetivo, lo desplazarás, y eso hará que te impongas propósitos poco realistas y que te castigues cuando no puedas «ganar». Te compararás con los demás según tu propia medida de lo que es el éxito y el fracaso, y eso tendrá un impacto en las personas que te rodean. No conseguirás más que estar a la defensiva y te mostrarás distante, irritable y antagónico con los demás, puesto que estarás siguiendo tus protocolos internos, tus propósitos secundarios y habrás perdido por completo la capacidad de estar en el aquí y ahora.

Si cumples una tarea al 99%, pero fallas en el 1% restante, pasarás el tiempo lamentándote ridículamente. Es importante que te distancies y eches un vistazo general, y no solo a lo que salió mal. Un punto de vista adecuado sería dirigir el 99% de tu atención a lo que salió bien y un 1% a lo que salió mal.

He aquí otro ejemplo: llegas a casa después de un día de mucho trabajo, abres la nevera y te das cuenta de que está vacía excepto por un poco de queso enmohecido y media botella de vino avinagrado. Estos son tus pensamientos:

A. «Mejor que vaya a comprar algo.»
B. «Es increíble que haya olvidado comprar algo para cenar. ¡Qué idiota! Ahora tendré que salir lloviendo. Vaya una pérdida de tiempo.»
C. «Es increíble que mi compañero olvidara comprar la cena. ¡Qué idiota! ¡Nunca se acuerda de nada! ¡Es tan egoísta!»

En el ejemplo A, tu mente te ayuda a encontrar una solución al problema, pero en los ejemplos B y C, la mente te arrastró de forma poco útil. Tienes un pensamiento negativo («Soy idiota/Es idiota»), y eso arrastra consigo un montón de pensamientos negativos más.

No estamos diciendo que nunca debas emitir un juicio. Tal como hemos dicho anteriormente, algunos juicios son básicos para manejarte en el mundo («No debería cruzar la carretera» / «No debería llevar ropa elegante para limpiar el jardín»). Además, los juicios constituyen la base de nuestro código moral. Es posible que algunas cosas sean genuinamente inaceptables para ti, y que no estés de acuerdo con las personas que las hacen. Eso es perfectamente razonable. Pero una gran parte de tus juicios internos no son útiles en lo más mínimo, y seguramente ni siquiera eres consciente de que los empleas como vara de medirte a ti mismo y a los demás.

Ser más consciente de tus juicios te ofrecerá la posibilidad de decidir si estos son útiles o no. ¿Te hacen sentir mejor o peor? Si tomas conciencia de ellos, podrás distanciarte y tener una perspectiva más clara, y podrás elegir qué viene después.

✪ Contar los juicios

Durante un día, intenta darte cuenta de cada vez que emites un juicio sobre ti o sobre los demás, sea en voz alta o internamente. Luego hazte las siguientes preguntas:

◆ ¿Cuál fue exactamente mi pensamiento? Formúlalo de manera sencilla y no profundices mucho en él. Por ejemplo: «Esto es un desastre» o «Es un tonto».

◆ Luego, intenta pensar en el tono de voz que le pusiste: sí, aunque fuera un pensamiento. ¿Era burlón, gritabas, susurrabas? El tono también puede ser un sistema de aviso («Estoy a punto de emitir un juicio...»).

◆ ¿Cómo era el lenguaje de tu cuerpo mientras lo emitías? Esos pensamientos o palabras afectan a tu cuerpo. Por ejemplo, quizá cruzaste los brazos, o miraste hacia arriba con exasperación. (Puedes repasar los últimos movimientos que has hecho. Si en algún momento detectas un lenguaje corporal negativo, intenta recordar qué pensamiento lo suscitó.)

◆ Ve anotando las veces que los has emitido en la libreta.

◆ Pregúntate «¿Es útil?». Si no lo es, suéltalo.

◆ ¡Cuando te des cuenta de que has emitido un juicio, asegúrate de no enjuiciarte por ello!

Repaso: ¿Te sorprendiste al comprobar la cantidad de juicios que generaste y al darte cuenta de cómo fueron posteriormente? ¿Detectaste alguna pauta definida en ellos? Por ejemplo, ¿tus juicios tenían que ver con el aspecto físico, o la desenvoltura social o la capacidad de trabajo?

Este ejercicio está diseñado para que seas más consciente de los juicios que emites en el mismo momento en que se te cruzan por la cabeza, ya que muy a menudo no somos conscientes de ellos. Si los identificas, podrás decidir si les das credibilidad o no.

Recuerda: los pensamientos no son hechos

Para sentirte mejor, es esencial que cambies la relación que tienes con tus pensamientos. Tus NAT y tus juicios (o tus juicios NAT) no son hechos. Solo son valoraciones rápidas, y tú puedes decidir si tienen valor o no. Los pensamientos vienen y van. No te definen como persona. ¡Tú no eres tus pensamientos!

Conocer los juicios a fondo

A menudo, nuestros juicios (incluidos los juicios NAT) son breves, concisos y directos. Por ejemplo: «Soy un impostor». Eso es algo terrible de decirse a uno mismo. Si un amigo afirmara eso acerca de sí mismo, ¿lo aceptarías como un hecho? No, le pedirías que se explicara. Al investigar y poner a prueba tus juicios te harás más consciente. Al obtener más información, estarás más centrado en el presente y en lo que está sucediendo en tu cabeza. Para ello, es necesario que empieces a describir las cosas de manera consciente, para que veas la verdad de las cosas y te ciñas a los hechos.

En la siguiente tabla encontrarás algunos ejemplos que ilustran cómo los breves juicios de la mente raramente ofrecen una imagen real de lo que ha sucedido de verdad.

Pensamiento	Descripción consciente
«Soy mal padre / madre»	«Olvidé una reunión de la escuela»
«Doy vergüenza»	«Tropecé delante de desconocidos»
«No soy bueno en nada»	«Suspendí el examen de conducir»
«Mi jefe me cree idiota»	«Mi jefe no respondió a mi último e-mail»
«Mi compañero está harto de mí»	«Mi compañero me respondió mal cuando iba con prisas»
«Todo es horrible»	«Tengo tanto trabajo que no puedo encontrarme con mis amigos esta noche»

✪ Describir las cosas de forma consciente

Elabora tu propia tabla y, durante un día, anota tus propios NAT y/o juicios que tengas sobre ti mismo. No emplees lenguaje emotivo, solo cíñete a los hechos. Por ejemplo, no escribas «Mi compañero me habló mal sin motivo alguno», sino «Mi compañero me habló mal». Luego rellena la columna de la descripción consciente con más información. Pregúntate: «¿Qué sucedía de verdad?».

Teniendo en cuenta la descripción consciente que hayas hecho, distánciate un poco del pensamiento inicial y no permitas que la segunda flecha (ver pp. 142-3) te haga más daño.

Repaso: Esta estrategia te muestra la diferencia entre los pensamientos rápidos y la realidad. Los juicios y los propósitos secundarios son breves resúmenes de complejos sucesos y emociones, y la mayoría de veces no son de ninguna ayuda y te hacen entrar en un círculo de autorRecriminación. Ser consciente de ello te permitirá tomar distancia, en lugar de dejarte arrastrar.

Los «imperdibles» del capítulo

✓ Tu mente sigue protocolos para todo. Ser más consciente de esos propósitos secundarios te permitirá decidir si quieres seguirlos o no.

✓ Escuchar lo que dice tu juez interno te apartará de expectativas poco realistas, de la autocrítica y de la crítica a los demás, y te hará tener una perspectiva más clara.

✓ Describir las cosas conscientemente te mostrará cuán a menudo tus pensamientos exageran tus miedos sin que tengan nada que ver con la realidad. ¡Busca los hechos!

Capítulo 10

Se me pasó por la cabeza

si tu aspecto físico condiciona cómo actúas, piensas y sientes, entonces eso es exactamente lo que sucede. Tu autoestima se mide en cómo ves tus imperfecciones, y eso no puede ser. Necesitas fomentar una nueva medida de cómo valorarte, teniendo en cuenta todos tus rasgos, características, logros, habilidades y valores. Has de empezar a atribuirte los mismos factores que atribuyes a tus amigos. No eres una suma de partes con un aspecto más valioso que los demás; eres una persona completa.

Consideremos ahora qué le da sentido a tu vida. ¿Qué valores son más importantes para ti que el atractivo físico? Tu vida gira en torno a la apariencia, por lo que el resto de los valores quedan relegados sin que te des cuenta. Ya va siendo hora de que les des la importancia que se merecen en tu mente, ya que estos son los elementos que te darán empuje, motivación, inspiración, sensación de plenitud e integridad. Reconsiderar qué consideras importante contribuirá a que te sientas más decidido a cambiar.

✪ Áreas de valor

Esta estrategia consta de dos partes.

Primera parte

◆ Anota estos cinco enunciados en páginas diferentes de tu libreta: contactos, relaciones; trabajo, educación/formación; tiempo libre; espiritualidad; salud.

◆ Considera cómo deseas actuar en adelante con respecto a cada uno de los enunciados: qué valores aplicas a cada categoría y qué dirección te sugieren seguir. Por ejemplo: valoras la bondad, y por eso esperas ser un buen miembro de la comunidad.

◆ Anota cualquier detalle que te pase por la cabeza, aunque parezca un sinsentido. Piensa en lo que valorarías si no te frenara el miedo al fracaso o a ser juzgado.

◆ Escribe qué es lo que valoras y lo que crees que deberías valorar.

◆ Si no te sientes identificado con las preguntas, déjalas en blanco.

◆ Transcurrida una semana, vuelve a leer tu lista y agrega más valores a medida que se te vayan ocurriendo.

Usa la lista de valores de la página 164 para inspirarte.

Esta tabla está basada en el Valued Living Questionnaire de *Acceptance and Commitment Therapy* (Guilford Press, 2004) por Steven C. Hayes, Kirk D. Strosahl y Kelly G. Wilson.

Categoría	Valores
Contactos, relaciones	**Familia**: ¿Cómo quieres que sea tu relación como hermano / hijo / padre / primo / sobrino? **Social:** ¿Cómo quieres que sea tu relación como amigo? ¿Cómo te gustaría que te describieran tus amigos? ¿Cómo te gustaría que te vieran? ¿Qué clase de amigo quieres ser? **Pareja:** ¿Qué clase de compañero sentimental quieres ser? Si no tienes pareja en estos momentos, ¿cómo te gustaría que fuera tu relación? **Ejemplo de valores:** cariñoso, bondadoso, compasivo, leal, fiel, honesto, generoso, indulgente, justo, con sentido del humor, popular, humilde. **Ejemplo de dirección a seguir:** «Me gustaría ser un buen padre, un amigo fiel, un compañero cariñoso».
Trabajo, educación, formación	¿Qué clase de empleado, jefe o estudiante quieres ser? ¿Qué valores aprecias en tus empleados, en el equipo o en los compañeros?¿Hay áreas en las que desees profundizar con más estudios o formación continuada? ¿Cómo valoras tu trabajo o tus estudios? **Ejemplo de valores:** comprometido, honesto, responsable, respetuoso, tolerante, con éxito, que asume riesgos. **Ejemplo de dirección a seguir:** «Me gustaría ser un empleado comprometido, un estudiante respetuoso».
Tiempo libre	¿Tienes aficiones, deportes u otros intereses a los que te gustaría dedicarles tiempo? ¿Qué te gustaría hacer para la comunidad, por ejemplo: voluntariado, obra social, política? **Ejemplo de valores:** divertido, con buen humor, independiente, con conocimientos, con afán de conseguir logros. **Ejemplo de dirección a seguir:** «Me gustaría ser un miembro responsable de la comunidad, un miembro divertido de mi equipo».
Espiritualidad	Si eres una persona espiritual, ¿qué principios significan mucho para ti, a modo de guía? Si no eres espiritual, ¿te gustaría serlo? **Ejemplo de valores:** fortaleza interior, humildad, autocontrol, virtud. **Ejemplo de dirección a seguir:** «Me gustaría hallar la paz y una perspectiva positiva en mi vida».

Categoría	Valores
Salud	¿Qué es importante para ti en términos de salud física y mental? **Ejemplo de valores:** estar en forma, ser afectuoso, atractivo. **Ejemplo de dirección a seguir:** «Intentaré mantener la perspectiva, alimentar mi autoestima y autorrespeto».

Segunda parte

A continuación, dibuja un gráfico representando los cinco valores o la dirección que tales valores quieres que guíen tu vida. El atractivo físico todavía puede ser uno de ellos, por supuesto, pero pregúntate: «¿Quiero que sea la principal fuerza que guíe mi vida?». Hemos rellenado un gráfico a modo de ejemplo:

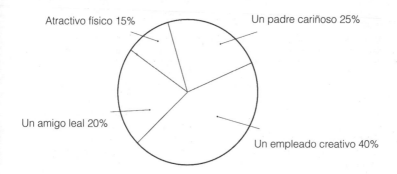

Atractivo físico 15%

Un padre cariñoso 25%

Un amigo leal 20%

Un empleado creativo 40%

Repaso: esperamos que esta estrategia te ayude a darte cuenta de que puedes centrarte en un sinfín de aspectos y los aprecies tanto en ti como en los demás, mucho más que la apariencia física. Usa el gráfico como guía aproximada sobre cómo quieres vivir tu vida. Elegir cinco factores no significa desestimar otros; solo es una forma de hacer un seguimiento y centrarte en lo que es importante para ti en un momento dado. Puedes actualizar los datos cuando cambien tus prioridades (quizá el hecho de ser atractivo deje de ser uno de tus cinco valores principales más pronto de lo que crees).

Lista de valores

Aceptación: sentirme aceptado por mis compañeros

Afecto: mostrarme afectuoso y tener en consideración las circunstancias

Ambición: procurar siempre obtener lo mejor de mí

Amistad: tener buenos amigos que me apoyen y ser considerado un buen amigo

Amor: ser amado por los que tengo cerca y amar a los demás

Atractivo: cuidar mi apariencia

Autoconocimiento: tener un conocimiento profundo y sincero de mí mismo

Autocontrol: ser disciplinado y dueño de mis propias acciones

Autoestima: quererme y gustarme a mí mismo tal como soy

Compasión: preocuparme por los demás y por mí mismo

Con buen humor: intentar siempre ver la parte positiva

Confianza: tener fe en mis propias habilidades

Conocimientos: nunca dejar de aprender

Cortesía: ser educado y considerado con los demás

Creatividad: tener ideas originales

Diversión: que me consideren divertido y saber pasármelo bien

Espiritualidad: crecer en el plano espiritual

Éxito: conseguir todo lo que me propongo, o por lo menos intentarlo

Familia: tener una familia feliz y unida

Flexibilidad: adaptarme a las situaciones nuevas o inusuales con facilidad

Fortaleza: ser físicamente fuerte y/o alimentar mi fortaleza interior

Generosidad: dar lo que pueda a los demás

Humildad: ser modesto y no hacer propaganda de mí mismo

Independencia: confiar en mí mismo y en mi habilidad para tomar decisiones

Justicia: asegurarme de que promuevo un trato igual y justo a los demás siempre que pueda y que soy justo conmigo mismo

Lealtad: demostrar que soy una persona de confianza

Logro: conseguir mis objetivos

Poder: tener control sobre otras personas

Popularidad: caer bien y que la gente me valore

Realismo: ver las cosas de forma realista y del modo más objetivo posible

Religión: seguir las doctrinas de la religión que he elegido

Respeto: conseguir el respeto y la confianza de la gente, respetarme a mí mismo y respetar a los demás

Responsabilidad: asumir y llevar a cabo decisiones importantes, empleando a fondo mis habilidades y conocimientos

Riesgo: asumir riesgos y sacar el máximo partido de las oportunidades que se crucen en mi camino

Riqueza: tener tanto dinero como necesito

Salud: estar bien físicamente y estar sano

Seguridad: estar seguro y a salvo en lo que creo y en lo que hago

Sexualidad: gozar de una vida sexual activa y satisfactoria

Sinceridad: ser genuino y de confianza

Tolerancia: aceptar y respetar a los que difieren de mí

Virtud: vivir de acuerdo con unas pautas morales

Establecer objetivos que tengan sentido

La mayoría de la gente que sufre ansiedad por la imagen corporal establece objetivos relacionados con la apariencia, como por ejemplo: «Perderé seis kilos y entonces me sentiré feliz». Los medios de comunicación nos bombardean constantemente con el mensaje de que nuestra vida cambiará si cambiamos de aspecto, pero lo único que cambiará será tu aspecto. La única forma de lograr un cambio radical en tu vida para mejor es aprender a autoaceptarte y a incrementar la autoestima, y que no dejes escapar las oportunidades que se te presenten. Trabajar por objetivos que aporten sentido y una dirección a tu vida te dará esperanza para el futuro, apartará de tus pensamientos cuestiones relacionadas con la apariencia y te colmará con un sentimiento de logro y realización.

✪ Planifica objetivos

Primera parte

Escribe lo que siempre has querido hacer, algo ni exagerado ni insignificante. Sueños que has desestimado porque pensabas que eras demasiado feo, gordo, delgado, calvo o mayor para hacerlos, o que los tienes pendientes hasta que hayas «solucionado» los problemas con tu físico. Si te cuesta encontrar ideas, pregúntate:

◆ Si tuviera el aspecto que tengo en mis sueños, ¿en qué trabajaría?
◆ Si perdiera esos seis kilos, ¿qué haría y adónde iría?
◆ ¿Qué he dejado de hacer a causa de mi inseguridad?
◆ ¿Qué echo de menos hacer?
◆ ¿Qué envidio de lo que hacen mis amigos?
◆ ¿Qué he dejado de hacer porque me preocupa mi apariencia?
◆ ¿Qué fue eso que dije que haría «cuando tenga buen aspecto»?

Ideas: apuntarte a un curso de escritura creativa, ir de viaje, iniciar una amistad a través de una página web de contactos, apuntarte a clases nocturnas, volver a ir a la piscina, hacer un trabajo de voluntariado, encontrar el trabajo soñado, entrenar a un equipo de fútbol, unirte a un equipo de deporte, ir en bici al trabajo, salir a bailar, reservar unas vacaciones en la playa, retomar el contacto con viejos amigos, dejarte fotografiar.

Segunda parte

◆ Desglosa tus objetivos en: a corto plazo (un mes), a medio (seis meses) y a largo plazo (de 1 a 5 años). No descartes ninguno. Los más ambiciosos, desglósalos en partes manejables. Para «ser piloto», escribe en tu lista de ideas: «buscar escuelas de pilotos».

◆ Asegúrate de que tus objetivos sean «SMART» (en inglés, «inteligente», acrónimo que se usa como recurso nemotécnico para indicar que el objetivo tendría que ser):

◆ ESpecífico (*specific*): ¿Cuál es tu objetivo realmente? ¿Cómo cambiará tu vida si lo consigues? Por ejemplo: «La semana que viene iré al trabajo en bici para hacer ejercicio y sentirme bien».

◆ Medible (*measurable*): ha de ser una acción cuantificable, que sepas cuándo la logras. No vale «conseguiré mi trabajo soñado», sino «solicitaré que se me incluya en las pruebas de selección para un puesto que he visto en el departamento comercial».

◆ Alcanzable (*achievable*): ha de ser algo que puedas lograr de modo realista; por ejemplo: «El mes que viene me apuntaré a un curso de escritura creativa», en vez de: «El mes que viene escribiré una novela que será un éxito de ventas».

◆ Relevante (*relevant*): ha de valer la pena. Si no te emociona completarlo, entonces no tiene sentido. Ha de ser un objetivo que te signifique algo, o si no, demorarás el intento. Recuerda: la perfección no existe. Este ejercicio no busca alcanzar el mítico ideal; si no aceptas nada más, nunca darás crédito a tus logros.

◆ A Tiempo (*time-specific*): establece un tiempo (a corto, medio o largo plazo) para el logro de cada objetivo. No digas simplemente: «Ya haré algo que me guste el mes que viene».

◆ Aquí tienes algunas ideas que te servirán de pauta:

A corto plazo (un mes)
◆ Empiezo a hacer ejercicio (informal y formal) cada semana
◆ Sigo con mi plan para comer de forma saludable
◆ Utilizo una tabla de seguimiento de todas mis conductas inútiles para controlar el aspecto físico

A medio plazo (seis meses)
◆ Desafío a mis NAT y empiezo a ver las cosas más realmente
◆ Doy pasos para solucionar un problema persistente en mi

vida. (Por ejemplo: si estoy encallado en un trabajo precario)
◆ Hablo con mi jefe acerca de una posible promoción
A largo plazo (de 1 a 5 años)
◆ Voy a la universidad o a estudiar por las noches
◆ Aprendo un nuevo idioma
◆ Me voy de viaje

Tercera parte

◆ Reserva horas/fechas para empezar a buscar un nuevo empleo o
para apuntarte a clases de cocina, por ejemplo. Si no, no lo harás.
◆ Solventa cualquier tendencia de sabotaje, NAT o barreras
potenciales para que nada se interponga en tu camino. Pon a
prueba tus temores como hiciste en el capítulo 9. No te digas
que no dispones de tiempo (¡Se trata de una prioridad!). Delega
o remata actividades que no te gustan o que no necesitas hacer.
Considera la posibilidad de pedirle a un amigo que haga contigo
la actividad elegida, ya que el apoyo social es un gran impulsor
de la autoestima y te sentirás menos tentado a cancelar el plan.

Repaso: tomarte en serio los objetivos hará que te sientas
ilusionado, interesado por la vida y con un mayor control. No te
precipites, sé realista y establece objetivos que sean alcanzables.
Si quieres convertirte en una estrella de cine pero no has actuado
antes, empieza por buscar un curso de teatro cerca de tu casa.

Ejemplo: hecho a medida

Lewis siempre quiso ser sastre, pero en el colegio se reían de él
y creyó que su sueño era ridículo. Su temor se acentuó por el
hecho de que en la pubertad tuvo acné. Pensó: «Nadie tiene
granos en el mundo de la moda, así que no me aceptarán». Ya
de adulto, con un trabajo de oficinista, no podía dejar de pensar
en lo que le gustaría hacer. Anotó: «Buscar un curso de corte y
confección» en su lista de objetivos a corto plazo, pero cuando
llegó el momento, se sintió tentado a abandonar la idea («¿Por
qué me he de torturar si lo único que conseguiré será

···∴ sentirme peor?»). Al final, encontró un curso. Era caro, pero por la forma en que su corazón le dio un vuelco cuando vio el anuncio se convenció de que era lo que quería hacer. Se propuso un plan de ahorro y lo siguió a rajatabla. Lewis sintió que le quitaban un enorme peso de encima. Aunque el curso no cumpliera sus expectativas, el hecho de haber adoptado los primeros pasos lo convenció de que era una posibilidad.

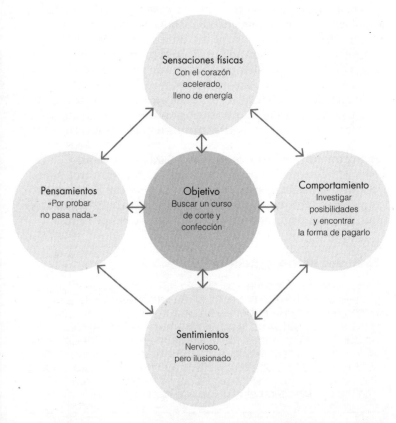

Una bella opinión

A los humanos nos gusta hallar el sentido a lo que hacemos y encajar en grupos sociales. Por eso cuesta tanto superar prejuicios: si de verdad crees que algo es de cierta manera, no prestarás atención a evidencias que justifiquen una actuación distinta. Por ejemplo: si crees que los extraterrestres han aterrizado en tu jardín, buscarás pruebas («¡Fíjate en esas manchas, en forma de círculo!») y desestimarás mensajes contrarios («¿Quieres decir que no son marcas de la barbacoa de anoche?»). La gente busca la consistencia, y tiene una necesidad interna de que todo en lo que cree guarde una armonía. Esto significa que cuando dos opiniones entran en conflicto, nos sentimos incómodos y cambiamos algún punto de vista para que encaje con el otro («disonancia cognitiva»).

Hasta ahora, tu opinión era: «Soy feo/Soy un desastre/Tengo demasiados granos», pero esperamos que, aplicando las estrategias del libro, hayas empezado a actuar de una forma que contradiga tus pensamientos. Quizá te provoque cierta incomodidad (¿Cómo es posible que las nociones que has mantenido sobre tu persona tanto tiempo sean erróneas?). No obstante, si continúas comportándote según modos que refuten tus ansiedades por la imagen corporal, los estudios en disonancia cognitiva demuestran que al final cambiarás tus opiniones para secundar la nueva evidencia. Sigue por esa vía y al final te verás tal como eres: con un buen aspecto.

✪ Siéntete guapo de verdad

Primer paso

Escribe una carta a una persona joven que sufra ansiedad por la imagen corporal —tu hijo/a, un amigo, tú mismo ahora o hace dos/cinco/diez/veinte años—. Describe tu experiencia al sentirte preocupado por tu apariencia y los costes físicos y emocionales de perseguir un «ideal de belleza» sin sentido. Incluye la cantidad de tiempo que te sentiste mal contigo mismo, las oportunidades que perdiste, los ratos que te sentiste deprimido, cómo te hicieron sentir las conductas que adquiriste para controlar el aspecto físico, cómo el hecho de compararte con otra persona en términos de apariencia no es justo ni para ti ni para la otra persona. Sé sincero.

Ejemplo: la carta de Kirsten

Mi querida y joven Kirsten:
A menos que cambies cómo te sientes acerca de tu aspecto, te pasarás los próximos diez años atrapada en un círculo vicioso. Estarás tan obsesionada por tu aspecto que dejarás escapar oportunidades y experiencias maravillosas. Dirás que no a Steven cuando te pida que lo acompañes al baile de fin de curso, y te arrepentirás de haberle dicho que no durante años. Piensas decirle que no porque te da miedo lucir un vestido que deje ver tus brazos, pero pronto te darás cuenta de que él no te habría pedido para salir si no le gustaras tal como eres. Steve se lo pedirá a Amanda, y tú te enfadarás con ella, aunque no tenga la culpa. Por favor, dile que sí y disfruta de la velada; confía en lo que él te dice, en lugar de en lo que tú crees.
Pasarás parte de tu juventud evitando salir en fotos de grupo, lo que es una pena, porque luego no tendrás ningún recuerdo de las vacaciones con tus amigos, y dentro de diez años, te lamentarás cuando veas alguna de esas instantáneas y te des cuenta de que estabas preciosa. También pasarás horas mirando fotos de famosos en Internet, sin prestar atención a tus cualidades, centrándote en lo que ellos tienen y tú quieres también tener. Es doloroso y absurdo. Buscarás consuelo en la comida, pero no lo hallarás, sino que aún te sentirás peor. Al final, yo he acabado por aceptarme (sí, incluso mis brazos macizos), y, aunque te cueste creerlo, me gusta lo que veo. Así que valora lo que tienes y disfruta de la vida, porque esta pasa muy rápido.
¡Buena suerte! Mi querida (y más mayor y más sabia) Kirsten.

Segundo paso

Amplía tu perspectiva sobre la salud y la belleza. Lee más libros sobre la imagen corporal y busca en Google imágenes de bellas artes, arte moderno y fotógrafos especializados en retratar la figura humana. Es una forma segura de obtener una perspectiva no sesgada de la belleza. El arte no existe para vender un producto, así que su intención no es dejarte con un sentimiento inadecuado o ansioso. Está diseñado para celebrar todas las formas y tamaños desde diferentes perspectivas culturales. Tu visión de la belleza se ve acotada porque hace mucho tiempo que has perdido la perspectiva. Cada persona tiene un aspecto diferente, y no hay un único aspecto físico «correcto».

Tercer paso
Reconoce que los prejuicios por la apariencia son una forma de discriminación, igual que cualquier otra. Cualquier suposición acerca de que el aspecto de alguien (incluyéndote a ti) es un buen indicador del carácter, moralidad, inteligencia o éxito es incorrecto e injusto. No juzgues un libro por su cubierta. A continuación, te pedimos que firmes este compromiso antidiscriminación:

Yo, _____, declaro solemnemente que no admitiré prejuicios contra mí ni contra nadie basados en la apariencia. Me esforzaré por apreciar a la gente (o despreciarla, seamos sinceros; algunos no merecen tu simpatía) en función de cómo son como personas completas (en vez de como una suma de partes físicas).

Los «imperdibles» del capítulo

✓ Identificar los valores importantes para ti te servirá de guía respecto a cómo quieres vivir tu vida, y para confirmar que tu apariencia no te define.

✓ Planear objetivos realistas y alcanzables te dará una dirección, te inspirará a seguir adelante y a sentirte ilusionado con la vida.

✓ Cuantas más veces actúes de forma positiva, más atractivo te sentirás.

Un último mensaje

¡*E*nhorabuena! Para llegar hasta aquí has tenido que aplicar unas estrategias complicadas, así que te proponemos que te propines unas bien merecidas palmaditas en la espalda. Las ansiedades por la imagen corporal pueden hacer que la vida sea difícil, pero lo que te frena no es tu apariencia sino cómo te sientes respecto ella. Cuando empieces a cuestionarte tales sentimientos y dejes de lado los prejuicios sobre ti, te darás cuenta de que el atractivo físico es una minúscula parte de una foto global: eres mucho más que tu apariencia.

Esperamos que te sientas más atractivo de lo que te has sentido en tiempo, y que canalices una nueva actitud de autoaceptación y confianza. Cruzamos los dedos para que pienses en ti de una forma más equilibrada y realista que como lo hacías antes. Cambiar las opiniones negativas sobre ti es un proceso continuo, que lleva su tiempo. No hay una solución rápida, así que no te asustes si todavía no te sientes atractivo; con tan solo sentirte un poquito más seguro de ti mismo, ya hay motivos de celebración. Si reconoces que tus pensamientos no son hechos y que tu conducta puede haber estado agravando tus inseguridades, tendrás la mitad de la batalla GANADA. Sigue practicando las estrategias hasta que se conviertan en algo natural y verás que tu autoestima sigue subiendo.

Si te sientes más positivo acerca de ti mismo y tienes fe en que las cosas pueden cambiar, podemos respirar aliviados; es una buenísima señal. Los cambios que has hecho habrán sido muy duros, y continuarán siéndolo, pero reconocer el punto al que has llegado es una hazaña digna de ser celebrada.

Para calibrar tus logros, te pedimos que contestes estas preguntas:

1. **Después de leer el libro, ¿cómo te sientes?**
   A Igual, sin cambios
   B Un poco mejor, estoy empezando a seguir los consejos
   C Mejor, la verdad es que empiezo a notar las mejorías
   D Sensacional, no soy el mismo

Si has contestado A, ¿te has aplicado por completo en las estrategias? ¿Estás dispuesto a probar de nuevo? Si todavía te cuestan y el libro no te ha ayudado, te aconsejamos que hables con tu médico para que te recomiende un tratamiento adicional. Si has contestado B, C o D, date por satisfecho. Si practicas lo aprendido y eliges objetivos alcanzables que te permitan seguir avanzando, la situación no hará más que mejorar.

2. **¿Qué «imperdibles» al final de cada capítulo te han llamado más la atención?** Escríbelos en una libreta, de modo que cada vez que necesites un estímulo puedas releerlos y motivarte.

3. **¿Con qué red de apoyo cuentas que te sirva para mantener lo que has aprendido?** El apoyo social es un motivador crucial. Considera la opción de contar a tu familia y amigos lo que estás haciendo, si es que no lo has hecho ya. Su apoyo será valiosísimo y te motivará; además, hablar sobre el tema puede aportarte una visión más clara o una perspectiva diferente. También puede mostrarte el lado positivo. Está demostrado que la risa es un estimulador perfecto, y te ayudará a que te sientas con más energía para superar cualquier adversidad.

4. **¿Qué posibles obstáculos ves en el futuro que puedan desestabilizarte?** Escríbelos y luego busca posibles soluciones.

5. **Vuelve a repasar la lista de verificación de síntomas del capítulo 2 y marca las casillas con las que ahora te sientas identificado. ¿Detectas muchos cambios positivos respecto a tu primera lista?** ¡Esperamos que haya menos casillas marcadas! Para abordar cualquier síntoma que todavía experimentes, relee los capítulos relevantes del libro y vuelve a realizar las estrategias hasta que te sientas seguro de que puedes vencerlo.

6. **¿Piensas acabar con las conductas inútiles que solo sirven para perpetuar tus inseguridades?**

7. **¿Serás más consciente de tus motivos emocionales y seguirás conductas que te levanten el ánimo en lugar de agravarlo?** Recuerda: tu estado de ánimo no ha de condicionar tu día.

8. **¿Fomentarás un enfoque saludable a la hora de comer para que te sientas con más energía, tanto física como emocionalmente?**

9. ¿Desafiarás a tus NAT y a tu censor interno, y empezarás a ser más realista y justo contigo mismo?

10. ¿Cuándo empezarás a pensar de forma diferente?

A Ya he empezado

B Hoy

C La semana que viene

D El año que viene

E No me lo he planteado

El objetivo de estas preguntas no es amedrentarte ni asustarte —no hay respuestas correctas ni incorrectas—. Se trata de una forma de calibrar hasta dónde has llegado y de si hay áreas específicas en las que quieras concentrarte. Uno de los mensajes más poderosos de este libro es que tienes elección. Puedes elegir sentirte mejor respecto a ti mismo, aceptar tu apariencia y trabajar para alcanzar unos objetivos sensacionales. No es fácil cambiar, pero obtendrás la recompensa. ¡Y funciona! Habrá momentos en los que te asaltarán las dudas —es normal— pero ahora sabes cómo sortear los problemas que la vida pone en tu camino.

Si todavía no has puesto en práctica algunas secciones de este libro, vuélvelas a leer y pruébalas; recuérdate a ti mismo cuál es tu objetivo y por qué. Lee la lista «¿Por qué quiero sentirme favorecido?» que escribiste en el capítulo 1 (ver página 22) y piensa en lo bien que te sientes por el hecho de plantearte los pensamientos, conductas y sentimientos que te frenan. A menudo, lo que más cuesta es precisamente considerar la opción de hacer las cosas de forma diferente, pero con el acto de leer este libro, ya has superado esa fase. No te presiones para cambiar de la noche a la mañana. Establece una fecha para volver a leer el libro —dentro de un mes, de seis meses o de un año—, para evaluar si tu enfoque es diferente y para mantener las ideas frescas en la mente. No permitas que la vida pase de largo mientras tú decides si quieres vivirla. Si fomentas una actitud de autoaceptación y si aceptas todos tus aspectos positivos, te querrás mucho más.

Referencias

◆ El plan para comer de forma saludable del capítulo 6 es una adaptación de: Susie Orbach, *Fat is a Feminist Issue: The Selfhelp Guide for Compulsive Eaters* (Arrow Books,1988).
◆ La tabla con la lista de valores del capítulo 10 es una adaptación del Valued Living Questionnaire, Steven C. Hayes, Kirk D. Strosahl y Kelly G. Wilson de *Acceptance and Commitment Therapy* (Guilford Press, 2004)

Agradecimientos

Gracias a todos aquellos que creyeron en este proyecto y que nos han ayudado a convertirlo en una realidad. Mil gracias a nuestras magníficas familias, en particular a Ben, Jack, Max y Edie. Nuestra más sincera gratitud también a Carole Bower, dietista, por sus consejos y apoyo, a Michael Smyth, extraordinario profesor de biología, por sus conocimientos científicos, a Kerry Enzor y a Richard Green, de Quercus, por su entusiasmo contagioso, a Jane Graham Maw, nuestra agente, por su apoyo, y a Godfrey Wood y Peggy Sadler, de Bookworx, por sus excelentes conocimientos de edición y diseño.

Lecturas recomendadas

◆ David Veale, Rob Wilson y Alex Clarke, *Overcoming Body Image Problems including Body Dysmorphic Disorder* (Robinson, 2009)
◆ Susie Orbach, *Susie Orbach on Eating: Change your Eating, Change your Life* (Penguin Books, 2002)
◆ Dennis Greenberger and Christine A. Padesky, *Mind over Mood: A Cognitive Treatment Manual for Clients* (Guilford Press, 1995)
◆ David O. Burns, *The Feeling Good Handbook* (William Morrow, 2000)